La Haine et le Déni

Du même auteur

La France de face, Fayard, 2022 ; Pluriel, 2023.
Dans la gueule du loup, avec Jean-Marc Thévenet et Horne, Marabout, 2021.
Un continent derrière Poutine ?, Le Seuil, 2018 ; Points, 2022.
Dans quelle France on vit, Fayard, 2017 ; Pluriel, 2017.
La République juive de Staline, Fayard, 2013.
Les brouillards de la guerre. Dernière mission en Afghanistan, Fayard, 2011.
Correspondante de guerre, avec Daphné Collignon, Reporters Sans Frontières et Soleil, 2009.
Bagdad, zone rouge, Fayard, 2008.
Par les monts et les plaines d'Asie centrale, Fayard, 2006.
Islamistes : comment ils nous voient, Fayard, 2006 ; le Livre de poche, 2010.
Lendemains de guerre, Fayard, 2004.
La guerre qui n'aura pas lieu, Fayard, 2004.
La maison haute. Des Russes d'aujourd'hui, Fayard, 2002 ; Le Livre de poche, 2004.
Chienne de guerre, Fayard, 2000 ; Le Livre de Poche, 2001.
Quand les médias russes ont pris la parole, L'Harmattan, 1997.

Anne Nivat

La Haine et le Déni

Flammarion

ISBN : 978-2-0804-2120-3

En mémoire d'Oleg,
soldat du renseignement ukrainien.

Je n'oublierai pas ta joie quand je t'ai vu sortir
de ta voiture garée sous la tour Eiffel,
tu t'étais échappé de l'enfer pour la montrer
à ta femme et à ta nièce.

Un tir de mortier russe t'a fauché au printemps.

En mémoire d'Hélène Carrère d'Encausse,
ma professeur et directrice de thèse,
infatigable observatrice de la Russie.

Votre détermination à comprendre
et transmettre m'a marquée.

« Faire la guerre, c'est transporter sa frontière sur le territoire d'autrui. »

Friedrich Ratzel (1844-1904)

Carte des lieux mentionnés

Riga
LETTONIE
Saint-Pétersbourg : 630 km
Mourmansk : 1 500 km
Depuis Moscou
LITUANIE
Kaliningrad
Vilnius
Minsk
BIÉLORUSSIE
Varsovie
POLOGNE
Boutcha
Irpin
Kiev
Przemyśl
Lviv
Tcherkassy
UKRAINE
SLOVAQUIE
Budapest
HONGRIE
MOLDAVIE
Chisinau
Mykolaïv
Zarichne
Odessa
Prybuzke
Kherson
ROUMANIE
Belgrade
Bucarest
SERBIE
Sarajevo
Sébastopol
MONTÉNÉGRO
BULGARIE
Pristina
Sofia
KOSOVO
Podgorica
Capitale
Ville ou village
Territoire ukrainien occupé au 7 février 2024
Ville ou village occupé
Ligne de front au 7 février 2024

Moscou
Pogost
Kassimov
Riazan
FÉDÉRATION
DE RUSSIE
Depuis Moscou
Tioumen : 1 710 km
Krasnoïarsk : 3 360 km
Lac Baïkal : 4 300 km
Oulan-Oude : 4 420 km
Tambov
Voronej
Belgorod
Kharkiv
Sloviansk
Kramatorsk
Bakhmout
Kostiantynivka
Dnipro
Donetsk
Louhansk
Ilovaïsk
Volnovakha
Marioupol
Rostov-sur-le-Don
mer d'Azov
Djankoï
Simferopol
Alouchta
Yalta
Balaklava
Détroit
de Kertch
Krasnodar
Stavropol
Sernovodsk
Grozny
Alkhan-Kala
mer Noire
GÉORGIE
Tbilissi
ARMÉNIE
Ankara
TURQUIE
250 km
Erevan
Légendes cartographie

NOTE SUR LES GRAPHIES

Dans ce livre sont mentionnés en grande quantité des noms de lieux se trouvant en Ukraine et en Russie.

Pour des raisons de lisibilité, j'ai décidé d'utiliser la graphie la plus communément en vigueur (par exemple « Kiev » au lieu de « Kyiv »), mais je tiens à souligner que ce choix n'est pas politique. En effet, au départ, j'avais caressé l'idée d'alterner les graphies (j'alterne bien les chapitres « en Ukraine » et « en Russie »), mais cela aurait rendu la lecture de l'ouvrage plus difficile.

En revanche, la graphie des noms de personnes diffère selon qu'elles sont ukrainiennes ou russes (par exemple « Volodymyr » pour le prénom ukrainien et « Vladimir » pour le prénom russe).

Avant-propos

Je l'écris une fois pour toutes : dans cette guerre qui a débuté le 24 février 2022, la Russie est l'agresseur. Elle a envahi son voisin, violé sa souveraineté, nié son identité, causé d'ignobles pertes humaines et plongé le monde dans la stupeur et l'effroi.

Si, après avoir refermé ce livre, ceux qui auront eu le plaisir ou le courage de le lire se disent qu'ils ne savent pas où me placer, côté russe ou côté ukrainien, je serai satisfaite. N'appartenir à aucun camp, n'écouter les injonctions ni des uns ni des autres, voguer, libre, sans rien devoir à personne, au service de l'information, est exactement ce que je souhaite. Militer n'est pas ma préoccupation. Documenter ce conflit des deux côtés l'est.

À mes débuts dans le métier de reporter de guerre, l'absence de prise de parti était un atout, mieux, une obligation. Aujourd'hui, c'est l'inverse : on s'arracherait peut-être davantage cet ouvrage s'il défendait une cause.

Aussi complexes qu'ils soient, je resterai fidèle aux faits observés, et que chacun se forge sa propre idée ! Non que je sois dépourvue d'opinions ou d'émotions, mais je refuse de les laisser dicter ma pensée, mes actes et encore moins mes écrits. Je me limite ici à ce que je sais faire : du reportage, alternant les chapitres « en Ukraine » et « en Russie » pour emmener mon lecteur au plus près, comme s'il franchissait lui-même la ligne de front.

La guerre c'est sale, la guerre ça pue, la guerre c'est la mort à coup sûr, mais c'est aussi la vie, l'émotion, des histoires humaines intenses, de l'héroïsme, de l'amitié, du courage et de la solidarité

Je pratique le métier de reporter de guerre depuis près de trente ans. Mon expérience est nourrie par la connaissance de terrains sillonnés des années avant le déclenchement de la guerre, par celle de la langue, de la culture et de l'histoire des zones où se déroulent les combats. La guerre c'est sale, la guerre ça pue, la guerre c'est la mort à coup sûr, mais c'est aussi la vie, l'émotion, des histoires humaines intenses, de l'héroïsme, de l'amitié, du courage et de la solidarité. Quand, lors de mon premier terrain en 1999, je partais seule sur les lignes de front en Tchétchénie, vêtue comme une femme tchétchène d'une jupe longue et d'un foulard en bandeau, mes feuilles de papier

A4 coincées dans mes bottes en plastique et quatre crayons bic dans mes poches, le cataclysme mondial du 11 septembre 2001 n'était pas encore survenu. À cette époque, la « cause tchétchène » contre le colon russe apparaissait peu compréhensible au grand public mais quelques journalistes sur place [1] sont parvenus à transmettre la violence inouïe, les injustices, les drames personnels, l'inextricable sensation d'instrumentalisation des parties belligérantes : tout ce que l'on retrouve dans le conflit entre la Russie et l'Ukraine aujourd'hui. Le 1er octobre 1999, quand une « opération antiterroriste » est déclenchée par Moscou en Tchétchénie, déjà, l'État russe n'emploie pas le mot « guerre ». Politiquement, c'est la fin d'une période euphorique sous Boris Eltsine qui a succédé à Mikhaïl Gorbatchev. Eltsine croit en des valeurs libérales ; c'est lui qui, s'adressant à toutes les républiques fédérées de Russie, a prononcé cette phrase devenue mythique : « Prenez autant de liberté que vous pouvez en avaler ! » Fin 1999, Boris Eltsine démissionne et nomme à sa place un individu anciennement basé en RDA que personne ne connaît, issu des services de renseignement soviétiques, Vladimir Poutine, lequel déclarera plus tard que, pour lui, « la plus grande catastrophe géopolitique de l'Histoire est la fin de l'URSS ». À l'hiver 1999, ce

1. Je pense à ma défunte collègue russo-américaine, la journaliste Anna Politkovskaïa, assassinée en sortant de l'ascenseur de son domicile à Moscou, le 6 octobre 2006.

nouveau chef de l'État se dévoile : « Les Tchétchènes, nous irons les buter jusque dans les chiottes. » La formule est brutale et vulgaire. Dès ses débuts, Vladimir Poutine mène une « rectification » du récit national russe [1] et c'est sur le terrain tchétchène que se mettra en place la matrice idéologique de son régime, où se mêlent ressentiments historique, économique et psychologique.

Dans ses mémoires [2], l'ex-président américain Barack Obama relate sa toute première rencontre avec le chef d'État russe en juillet 2009. Vladimir Poutine est alors le Premier ministre de Dmitri Medvedev. Un conseiller a prévenu le chef d'État américain de la sensibilité du Russe à tout discours qu'il pourrait percevoir comme un affront. Habile, Obama lui demande ce qu'il pense de l'état des relations russo-américaines : les reproches de Poutine durent quarante-cinq minutes. Pour prendre tant de temps à énumérer « par le menu les injustices, trahisons et affronts que les Américains à ses yeux ont fait subir au peuple russe [3] », le haut fonctionnaire russe devait en avoir vraiment « gros sur le cœur », relate Obama. Mais Vladimir Poutine passe aussi soigneusement en revue ce qu'il estime avoir accompli de positif pour ces relations. Par exemple, être le premier à offrir

1. Cf. Nicolas Werth, *Poutine, historien en chef*, Tracts, Gallimard, 2022.

2. Cf. Barack Obama, *Une terre promise*, Fayard, 2020.

3. Ce récit a été parfaitement relaté dans l'hebdomadaire *Le Un*, 23 février 2022.

son aide à George W. Bush après le 11-Septembre, proposer un partage d'informations contre un ennemi commun, sécuriser les bases aériennes américaines au Kirghizistan et en Ouzbékistan pendant la guerre d'Afghanistan, ou encore offrir son appui face à Saddam Hussein. Mais pour quel résultat ? se lamente l'ex-président russe : George W. Bush a envahi l'Irak, déstabilisé l'ensemble du Moyen-Orient ; les États-Unis se sont retirés du traité sur les systèmes antimissiles balistiques, ont voulu installer des batteries de missiles le long des frontières russes, des territoires considérés par Moscou comme une sphère d'influence traditionnelle de la Russie [1]. De plus, souligne-t-il avec morgue, les Américains ont soutenu les « révolutions de couleurs » dans tous les pays voisins jadis amis comme la Géorgie, l'Ukraine ou le Kirghizistan.

En devenant chef d'État de la Russie post-soviétique, Vladimir Poutine a pris conscience que les relations d'amitié forgées sous l'URSS entre républiques fédérées étaient factices et forcées. Mais surtout, il a l'impression de ne jamais avoir été traité sur un pied d'égalité face à la puissance américaine. « Sa vexation était réelle », souligne Obama dans son livre. À tort ou à raison, la Russie estime qu'elle n'a pas été acceptée dans le concert des grandes nations. En 2007, lors de son fameux discours à la conférence de Munich sur la sécurité, Vladimir Poutine

1. Cf. article dans *Le Un*, *op. cit.*

ne cache pas sa volonté du « retour » de la Russie sur la scène internationale. Les années suivantes, il respecte son plan à la lettre, attendant patiemment que son armée soit capable, croit-il, de procéder à l'invasion de l'Ukraine. Ce n'est pas encore le cas lors de l'annexion de la Crimée en 2014. J'y étais : l'opération se déroule en une nuit, sans coup de feu, mais elle reste limitée à la péninsule. Soutenus passivement par la population criméenne pétrifiée, des « petits hommes verts », en réalité des soldats russes ayant ôté leurs badges d'identification, surgissent de la base militaire russe de Sébastopol et procèdent à l'annexion. À l'époque, personne ne s'en offusque dans l'opposition russe, sauf la courageuse ONG Memorial, punie ensuite pour sa bravoure [1]. Quant à l'Occident, peut-être aurait-il fallu que le sang coule pour qu'il s'en préoccupe.

Les objectifs de Poutine peuvent paraître irrationnels. Sur les plateaux de télévision se pose la question de sa folie, souvent considérée comme acquise. Je ne suis pas de cet avis : affirmer que Vladimir Poutine est fou le dédouane et l'excuse. Surtout, cela évite de se questionner sur les responsabilités. Le chef de l'État russe n'est pas un homme irrationnel, il vit dans son monde (qui n'est pas le nôtre) et poursuit ses obsessions (qui ne sont

1. L'ONG Memorial, fondée par Andreï Sakharov, prix Nobel de la paix, qui a documenté les répressions staliniennes trois décennies durant, a été dissoute par la Cour suprême russe fin décembre 2021.

pas les nôtres). Sa seule idéologie est la victoire, comme l'a parfaitement résumé mon père, Georges Nivat, historien et spécialiste de la Russie [1]. Le chef d'État russe souhaite la restauration du rang et du statut de grande puissance de son pays, il agit pour préserver un ordre ancien qu'il pense le plus favorable aux intérêts de sa nation et ne se rend pas compte que ces desseins ne sont plus en adéquation avec la réalité de la mondialisation.

L'homme du ressentiment a la mémoire longue, c'est un homme qui souffre, jamais repu, jamais au repos

« La France est en guerre », déclarait le président français François Hollande le 16 novembre 2015 devant les parlementaires français réunis en congrès à Versailles alors que Paris venait de subir plusieurs attaques terroristes sur son sol. À l'époque, ses propos m'avaient choquée parce que la France ne me semblait pas un champ de bataille à sillonner [2]. Neuf ans plus tard, la France ne combat pas physiquement contre la Russie, mais elle

1. Cf. Georges Nivat, « La seule idéologie de Poutine, c'est la victoire », in *Revue des deux mondes*, septembre 2022, p. 10.

2. Ces lignes sont extraites d'une conférence prononcée le 27 septembre 2022 aux Rencontres internationales de Genève (RIG) sur le thème « Ressentiment. Périls et espoirs démocratiques », p. 53-79, coll. Achevé d'imprimer, Georg éditeur, Genève, août 2023.

livre des armes à l'Ukraine, et l'Union européenne ressent le grand frisson à ses portes.

Ces deux guerres n'ont rien à voir mais toutes deux sont imprégnées de ressentiment, ce sentiment « qui n'entre pas dans le panthéon des forces de l'histoire, [qu']aucune institution n'incarne » et qui, « pourtant, en est bien un ressort caché », souligne l'historien Marc Ferro disparu en avril 2021. « Tant que, par impuissance, l'individu, le groupe, la nation ne peuvent réagir, ils ruminent le ressentiment, donc la vengeance. Même réalisée, celle-ci n'est pas toujours satisfaite, car la reviviscence de la blessure passée est plus forte que toute volonté d'oublier. Qu'il soit individuel ou collectif, le ressentiment a pour origine une blessure, une violence subie, un affront, un traumatisme, une humiliation, dont on n'a pas eu réparation », explicite Ferro.

En sus de toute autre considération politique, géopolitique, économique, sociale, environnementale ou idéologique, toutes les guerres que j'ai couvertes sont mues par ce ressentiment. S'y intéresser, c'est reconnaître que toute action/réaction prend sa source dans l'émotion [1].

---

1. Ainsi que le rappelait le géopolitologue Dominique Moïsi dans son livre intitulé *La Géopolitique de l'émotion* (Flammarion, 2008), réédité au lendemain des attentats de 2015. En cela, il suivait Pierre Hassner, un de ses maîtres en géopolitique, qui fut aussi le mien, et s'était consacré au rôle des passions dans les relations internationales. Sur ce sujet, lire également les excellents travaux de Bertrand Badie, un autre de mes anciens professeurs, qui n'hésite jamais à insister sur le rôle de l'humiliation en matière de

Quand les envoyés spéciaux en Ukraine s'expriment, sourcils froncés, sur fond de campagne dévastée, villages détruits ou véhicules militaires cahotant sur des routes boueuses, on écoute leurs paroles avec attention… ou pas du tout. On ne se souviendra pas forcément de ce qu'ils auront dit ou montré, mais chacun se souviendra de ce qu'il aura ressenti face à ce flux, parce que l'être humain est d'abord un être prompt à la blessure par ce pénétrant sentiment d'injustice.

L'homme du ressentiment a la mémoire longue, c'est un homme qui souffre, jamais repu, jamais au repos. « Sa longue impuissance a monté en charge son agressivité », insiste Marc Ferro. Pour ce qui concerne l'Ukraine, on comprend que la vengeance a mûri pendant des mois, voire des années, et que même la guerre non gagnée n'efface rien. Au contraire, elle inciterait presque à arborer une position jusqu'au-boutiste, quasi suicidaire. En 2020, Poutine a fait publier un long article dans la revue américaine *The National Interest*[1],

---

relations internationales. Dans *Pourquoi perd-on la guerre ?* (Odile Jacob, 2016), le stratège Gérard Chaliand expose les handicaps des Occidentaux laissant leurs militaires faire excessivement confiance à la technologie et provoquer du ressentiment par méconnaissance du terrain culturel. Sur un terrain de guerre, les problèmes ne sont jamais exclusivement d'ordre technologique.

1. Cf. Vladimir Poutine, « The Real Lessons of the 75th Anniversary of World War II », *The National Interest*, 18 juin 2020.

dans lequel il expose sa vision de l'histoire du XXe siècle, qu'il malmène et réécrit, défendant le pacte germano-soviétique présenté comme une manœuvre pour freiner la progression de l'Allemagne vers l'est et pointant, entre autres, la responsabilité des démocraties occidentales dans la montée du nazisme. La même année, le concept de « vérité historique » est introduit dans la Constitution russe. Il s'agit de l'article 67.1, selon lequel « la Fédération de Russie, État successeur de l'URSS, protège la vérité historique ». Toute « déviance » par rapport à la doxa pourra être prétendue mensongère. Six mois avant l'invasion de l'Ukraine, en juillet 2021, un autre texte de Vladimir Poutine expose sa détestation des velléités d'indépendance de l'Ukraine et de son existence en tant qu'État séparé de la Russie [1]. Son titre est explicite : *De l'unité historique des Russes et des Ukrainiens*. Préoccupés par les questions de terrorisme international qui découlaient du 11-Septembre, n'avons-nous pas été sourds et aveugles aux questions de sécurité qui grossissaient dans la tête de Vladimir Poutine ? Nous n'y avons prêté qu'une oreille inattentive, embarrassés par d'autres soucis, en premier lieu l'épidémie de Covid.

1. Cf. Nicolas Werth, *Poutine, historien en chef*, *op. cit.*

« *Comment allons-nous continuer à vivre ?* »

« Il y a dans le monde aujourd'hui un esprit de revanche et de vengeance très puissant », constate dans les colonnes de l'hebdomadaire *Le Un*[1] Dominique de Villepin, ancien ministre des Affaires étrangères français, peu après l'invasion de l'Ukraine. En dépit de la ténacité du sentiment de puissance qu'elles confèrent à ceux qui y appartiennent, il apparaît que toutes les alliances entre États aujourd'hui vacillent. Si l'Alliance atlantique reste une structure militaire défensive attractive à cause de (ou grâce à) la guerre en Ukraine, la prééminence d'autres institutions, en premier lieu les Nations unies, pourtant l'un des rares lieux où se manifeste le ressentiment du « reste » du monde envers les Occidentaux, est remise en cause. Le 2 mars 2022, lors du vote à l'assemblée générale des Nations unies d'un texte exigeant que « la Russie cesse immédiatement de recourir à la force contre l'Ukraine », 35 pays sur 193[2] refusent de condamner l'agression russe. Chine, Inde, Pakistan, Iran, Irak, Afrique du Sud, Algérie, Sénégal, Éthiopie ainsi qu'une dizaine d'autres refusent de choisir ; ils représentent la moitié de la population mondiale.

Quand, le 24 février 2022, au matin de l'invasion, le journaliste russe exilé Sergueï Parkhomenko est interviewé

1. *Le Un*, 30 mars 2022.
2. 141 ont approuvé.

en direct sur la chaîne d'opposition russe Dojd [1], il affirme que Vladimir Poutine désire rester indéfiniment au pouvoir et entraîner le plus de monde possible dans son « crime de guerre ». Blême, le présentateur l'interpelle : « Comment allons-nous continuer à vivre ? » Lancinante, cette question est la première d'une série à laquelle je ne sais que répondre. « Il ne nous reste que nos opinions, que Poutine ignore royalement », propose, lucide, Parkhomenko, alors qu'une avalanche de commentaires anti-guerre submerge déjà les réseaux sociaux russes. Trop tard. L'opération militaire est lancée. Sûr de son coup, dans le plus profond mépris des règles internationales, le chef d'État russe avance ses pions. Au sens propre, et non plus seulement figuré, il enferme son pays, son État, son peuple dans ce rôle paradoxal de « citadelle assiégée », où l'envahisseur prétend avoir agi pour ne pas être lui-même envahi.

Dès les premières heures de l'invasion, la propagande fonctionne à plein régime : sur la première chaîne de télévision d'État, huit « experts » débattent, dont une politologue, qui annonce pitoyablement que « les jours de Zelensky sont comptés ». Vladimir Poutine est montré devant une assemblée d'hommes d'affaires, bras

1. Le 1er mars 2022, l'accès à la chaîne est bloqué par les autorités russes. Le 3 mars, ses activités sont interrompues. En juillet, elle réouvre depuis Riga, la capitale lettone. Privée de diffusion en Lettonie depuis le 6 décembre 2022, elle s'installe aux Pays-Bas, où elle a reçu une nouvelle licence et d'où elle diffuse depuis.

et coudes sur la table, dans la pose de celui qui veut convaincre. Des images de bombardements présentés comme ukrainiens sur la région du Donbass (et non celles, bien réelles, des colonnes militaires russes filant vers Kiev) légitiment l'invasion. D'abord paralysés par l'énormité de l'événement, dans la soirée du 24 février, les dirigeants occidentaux sont émus par l'apparition du président ukrainien Volodymyr Zelensky en vidéo devant le Parlement européen : « C'est peut-être la dernière fois que vous me voyez vivant », lâche-t-il, visage fermé, voix cassée.

C'est à ce moment précis que le désir de repartir faire mon métier en Ukraine m'a submergée, pour donner vie au monde à travers le témoignage, éclaircir l'ignoble et faire surgir l'humain. Le livre que vous tenez entre les mains est le produit de reportages compliqués dans les deux pays, menés avec la même rigueur, la même passion des deux côtés. Le reportage est ce qui reste quand tout est décrédibilisé.

Je parcours sans relâche la Russie depuis l'année 1991. J'y ai habité dix ans, considérant Moscou, à l'instar de la plupart de mes collègues correspondants, comme une base avancée pour découvrir le reste des États post-soviétiques. J'ai sillonné l'Ukraine depuis la même période, m'y attardant davantage depuis les années 2000 et, notamment, l'annexion de la Crimée.

Ce livre est le fruit de mes séjours en Ukraine au printemps 2022 suivis de voyages en Russie à l'automne-hiver 2022-2023, ainsi qu'au printemps 2023. Il est aussi nourri de la vie que j'ai menée dans cet espace né de la dislocation de l'empire soviétique. La guerre n'est pas finie, raison de plus pour écrire ces combats qui mettent en scène honneur, déshonneur, humiliation et arrogance, observer la danse macabre de deux états distincts que d'aucuns ont pu croire frères, et faire s'exprimer celles et ceux traversant ce drame. Démultipliée par le nombre de morts et les atrocités, la haine est installée. Face à elle, le lourd poison du déni s'est accumulé et a distordu la réalité. Au moment où j'écris ces lignes, les relations entre les deux belligérants sont envenimées et bloquées.

Plus de deux années ont passé et nous continuons, tels des voyeurs, à observer le calvaire ukrainien. Peut-être mon métier s'apparente-t-il à du voyeurisme ? Parfois je ne sais plus. Dans les années 1999-2000, le conflit tchétchène n'occupait pas tant les esprits et ne faisait pas si peur. Puis j'ai couvert d'autres guerres où, même s'ils occupaient militairement tel ou tel pays, les Occidentaux étaient censés être les « gentils ». Pourtant, en Afghanistan et en Irak, j'ai assisté à des bavures pudiquement nommées « dommages collatéraux », à peine commentées dans nos médias parce qu'il s'agissait de nos erreurs.

En règle générale, le point de vue rapporté épouse celui des « gentils » : dans la guerre en cours, c'est celui des Ukrainiens, que nous aidons, mais je reste persuadée de la nécessité d'aller aussi se glisser du côté des « méchants », telle Alice traversant volontiers le miroir.

Chapitre I

En Ukraine

« Nous, on fait la guerre, pendant que vous, vous en êtes encore à faire de la politique »

« Il faisait beau. Comme d'habitude, je me suis levé avant l'aube pour aller travailler. Avec mon équipe, on était en forme, ma prothèse de jambe tenait bien, elle ne me faisait même pas mal. De toute façon, tu sais, je suis habitué à cette douleur, je l'oublie. On a franchi la ligne tranquillement tous les cinq, sans se presser, à notre rythme. Je voulais être sûr que les véhicules de Wagner entraperçus la veille n'avaient pas bougé, qu'ils n'avaient pas avancé. La terre embaumait, la végétation nous couvrait. Tout était calme. Jusqu'au moment où j'ai senti comme un éclair dans mes entrailles, un poison dans mes tréfonds : la certitude qu'on avait été repérés. Exactement deux secondes plus tard, un tir de mortier ennemi nous transperçait. Mais c'est une belle mort, tu sais. À force de jouer avec le feu, je me doutais que ça arriverait. Je n'ai pas souffert, même si je me suis vu mourir. Mon esprit avait prévu l'itinéraire de leur tir au micromillimètre près. Je n'avais plus rien à perdre, sauf ma femme et mon fils bien sûr, mais ils se débrouilleront comme des chefs sans moi, ils pourront survivre. Moi, j'ai fait tout ce que j'ai pu pour rétablir la justice dans ce monde de merde. Cette guerre, on finira par la gagner, t'inquiète. »

Ces mots sont ceux qu'aurait pu choisir Oleg, militaire ukrainien mort le 20 mai 2023 sous un tir de mortier russe aux abords de Bakhmout, où il était en reconnaissance avec son groupe. Je les ai inventés.

Je hais cette guerre. Je hais tous ceux qui croient qu'en la menant ils ont raison et qu'ils y gagneront quelque chose. Je hais ceux qui l'ont commencée ; je hais ceux qui la poursuivent ; je hais ceux qui en profitent, qui croient que c'est un spectacle et la commentent à l'infini. Je hais tout le monde parce qu'Oleg est mort. Je hais mon métier de reporter de guerre qui me force à tout voir, à tout côtoyer depuis tant d'années, en oubliant toujours le principal : la mort.

« Avec ou sans vous, on se débarrassera des Russes »

Début novembre 2022, je reçois à Paris un étrange message sur mon téléphone ukrainien : une capture d'écran de l'application Plans montrant une épingle rouge dans une rue non loin de la tour Eiffel. Et ces mots, en russe : « Suis là, tu me rejoins ? » La situation semble irréelle : l'auteur du message est justement Oleg, un soldat du renseignement ukrainien rencontré en avril dans la ville de Mykolaïv. Patriote, militaire du rang, comment Oleg peut-il se trouver à Paris ? Comment a-t-il pu quitter son pays en guerre ? Pour combien de temps est-il ici et que vient-il faire ? Je me précipite sur mon vélo, roule à tombeau ouvert vers l'épingle rouge et jette ma monture sur le trottoir dès que j'aperçois la berline immatriculée en Ukraine garée près de la tour. Je me moque de ce que peuvent bien penser les passants quand je tombe dans les bras de la silhouette massive en uniforme, s'extirpant à grand mal de l'habitacle. Accompagné de son épouse et d'une nièce, avalant les kilomètres, ne s'arrêtant même pas pour dormir, Oleg est venu sur un coup de tête pour leur faire visiter la tour Eiffel.

J'ai rencontré Oleg sur le front sud alors que se multipliaient les rumeurs de contre-offensive pour reprendre la ville voisine de Kherson tombée aux mains des Russes les premiers jours de l'invasion. « Qu'on cesse de nous demander comment va notre moral ! Ça va bien, merci ! Oui, bien sûr qu'on sait qu'on est moins nombreux que les Russes, et alors ? C'est pas une raison pour rien tenter ! » Ce printemps, Oleg était en colère et préoccupé : « Vous avez bien compris qu'on arrivera à se débrouiller si vous nous donnez les armes, alors donnez-les s'il vous plaît ! Ne perdez pas de temps à essayer de nous apprendre ou de nous former… », implorait-il, excédé [1].

1. Cf. Anne Nivat, « Récits d'Ukraine, sur la ligne de front », *Le Point*, 18 août 2022.

« Donnez les avions, donnez l'artillerie lourde ! » répétait-il avec force, faisant écho aux demandes pressantes quotidiennes dans les médias du monde entier de son président Volodymyr Zelensky. « Y a un truc que peut-être vous n'avez pas encore bien compris, c'est qu'avec ou sans vous, on arrivera à se débarrasser des Russes ! La seule différence, c'est qu'avec vous on aura moins de pertes… », précisait-il.

Oleg, cinquante ans, vétéran du conflit russo-ukrainien commencé dans le Donbass dès 2014, n'a pas été étonné par l'invasion russe du 24 février 2022. En revanche, il n'a jamais avalé le fameux « Mémorandum de Budapest », cet accord signé en 1994 entre l'Ukraine, la Russie, la Grande-Bretagne et les États-Unis qui assurait des garanties d'intégrité et de sécurité territoriales à l'ancienne république socialiste soviétique d'Ukraine en échange de sa ratification du traité sur la non-prolifération des armes nucléaires (TNP) à la suite de la dislocation de l'URSS [1]. Au milieu des années 90, l'Ukraine, la Biélorussie et le Kazakhstan acceptent de renvoyer à Moscou les milliers d'ogives nucléaires soviétiques se trouvant sur leur sol : à l'époque, les États-Unis redoutent la multiplication des États possédant l'arme

1. Le Kazakhstan et la Biélorussie, deux autres ex-républiques soviétiques à posséder des armes et des installations nucléaires soviétiques, ont signé des traités similaires. Quand, en 2014, les combats dans le Donbass ukrainien éclatent, l'Ukraine se réfère à ce texte.

nucléaire. En signant le TNP, ces puissances s'engagent à respecter l'intégrité territoriale ukrainienne mais aucune disposition ne les oblige à venir au secours de l'État ukrainien en cas d'attaque. Oleg et bien d'autres Ukrainiens n'ont pas oublié ces promesses et c'est précisément à partir de ce moment-là qu'ils se sentent « abandonnés » par les Occidentaux. « C'est vrai qu'on vous a crus à ce moment-là. Vous nous avez trompés », souligne-t-il, amer, déversant sa rancœur face à l'inaction des « partenaires » occidentaux. Oleg, lui, sait ce que pourrait ou devrait faire l'Occident pour que cesse cette guerre : « Nous intégrer dans l'OTAN sans plus attendre. En quatre jours, il n'y aurait plus un seul bombardement, ce serait la fin de la guerre et l'OTAN nous prouverait ainsi son réel attachement ! Voilà ce que j'attends pour laver ces incompréhensions et tergiversations. » Après avoir perdu son pied sur un champ de mines en 2014, cet homme de haute stature, à l'air toujours réjoui et aux fines moustaches est appareillé d'une prothèse à la jambe gauche, une infirmité que, pudique, il n'aime pas évoquer. Descendant de Cosaques élevé dans la haine du communisme par ses deux grands-mères, des années durant, Oleg a trimé sur des chantiers de construction en Russie après avoir servi dans l'armée soviétique puis comme instructeur militaire en Afrique et en Amérique latine avant de revenir vivre en Ukraine « libre » en 1994. Larges et puissantes, ses mains sont celles d'un bâtisseur, un homme au geste sûr et à l'humour indéfectible même si, « un an après la dislocation de l'URSS, j'avais plutôt l'intention de me spécialiser dans la construction de cheminées ! » reconnaît-il.

Oleg, simple soldat passionné de (géo)politique, est mort un matin de mai 2023, mais je n'ai appris son décès qu'en juillet. Depuis quelques semaines, il ne répondait plus à mes mots et ça ne lui ressemblait pas. Enthousiaste dès la « révolution orange », appelée aussi le « premier Maïdan », du nom de la fameuse place de Kiev sur laquelle se sont tenues les gigantesques manifestations en 2004, il s'était mué en activiste, mais avait été déçu. « On pensait que, grâce à nos manifs, la situation politique changerait, mais tout le monde a été acheté », se désolait-il, ne tarissant pas de critiques envers les dirigeants ukrainiens, lui qui avait refusé les multiples et alléchantes offres de travail de ses copains à l'étranger et s'entêtait à rester pour « construire » l'Ukraine. « C'est pas facile de réussir à vivre libre », assumait Oleg.

Pendant l'été 2022, Oleg a combattu sur le front sud et son ton s'est modifié au fil de nos discussions. « Demande à tes lecteurs quelle est, selon eux, la valeur d'une minute de la vie de quelqu'un ! Tu seras étonnée… Nous ici, on connaît cette valeur, on est face à ce dilemme tous les jours : continuer à prendre le risque de mourir ou alors tout stopper, capituler, tout perdre. Chez vous, personne ne se pose ces questions existentielles, vous en avez de la chance ! » Le fossé d'incompréhension entre le monde occidental et l'Ukraine le préoccupait de plus en plus. Il en voulait aux présidents de son pays, avant tout à Leonid Koutchma [1], cet ex-secrétaire du PC ukrainien devenu président de l'Ukraine indépendante à la fin de l'URSS, qui n'avait « demandé l'avis de personne et avait rendu l'arme atomique ». Selon Oleg, c'est à l'occasion de ce retour de l'arme atomique sans broncher que la Russie avait compris qu'elle avait la voie libre. Viktor Iouchtchenko [2], le troisième président de l'Ukraine indépendante, en qui il avait espéré mais qui, lui aussi, avait « trahi » en acceptant d'être actionnaire de Gazprom, l'exaspérait. Peu à peu, l'impatience d'Oleg s'était muée en rage : « C'est comme si l'Occident redoutait qu'à trop nous armer, on pourrait devenir dangereux vis-à-vis de nos amis européens ! s'insurgeait-il. Peut-être que ça vous fait flipper de vous retrouver avec un voisin puissant et encombrant qui sortira forcément grandi de cette expérience de la guerre, dont les territoires sont riches en minerais, en terres noires agricoles, avec un accès à deux mers et des capacités de développement dans l'industrie lourde et légère ! » Oleg insistait, se répétait, je

1. Né en 1934 et mort en mai 2022, Leonid Koutchma, ancien membre de la nomenklatura communiste de la république socialiste soviétique d'Ukraine sous l'URSS, fut le second président indépendant ukrainien de 1994 à 2005. Le premier est Leonid Kravtchouk, de décembre 1991 à juillet 1994.

2. Président entre 2005 et 2010 après avoir officié comme Premier ministre entre 1999 et 2001. En 2004, Iouchtchenko a été empoisonné à la dioxine, ce qui a modifié l'aspect de son visage.

ne pouvais plus l'arrêter, il me prenait personnellement à partie avant de s'excuser. « Tu sais, nous tuer jusqu'au dernier, ça va prendre du temps, c'est pas encore fait », tonnait-il, noyé dans l'amertume. « La Russie est en déclin démographique, la famine gagne en Afrique, c'est la stagnation en Europe, seuls les États-Unis et la Chine s'en sortent ! » Qu'un homme aussi placide et doux qu'Oleg exprime tant de rage et de ressentiment donne la mesure de l'état d'esprit des militaires ukrainiens à l'été 2022. Son fort agacement témoignait du désir tenace des Ukrainiens de « vivre comme des gens normaux », en forçant d'autres pays d'Europe à inclure parmi les leurs cette ex-république soviétique qu'ils avaient « découverte » à l'occasion de l'invasion de 2022. Car les Ukrainiens s'étaient rendu compte de l'ampleur de l'ignorance des Européens à leur propos et ils en souffraient. Avec le temps et l'échec de la contre-offensive ukrainienne de l'automne 2023, la radicalité ukrainienne, qui avait longtemps forcé le respect des Occidentaux, était en train de devenir un poids.

La guerre galvanise, mais elle dissout aussi les familles

« Oleg est mort, beaucoup sont morts. Je passe mon temps à enterrer des copains », me confie avec émotion à l'automne 2023 Ilya, créateur avec Oleg d'une unité de volontaires pour défendre le Donbass dès 2014. Ilya se souvient de s'être rendu à ses funérailles à Mykolaïv, mais il se reprend deux secondes plus tard. Non, il n'y est pas allé, sans doute parce qu'elles ont eu lieu ailleurs. « Je me rends à tellement d'obsèques que je commence à confondre. Pardon… » En fait son corps a été rapatrié dans la région d'où sont originaires les siens. Sa femme et son fils adolescent vivent encore en Ukraine. « Que veux-tu que je te dise ? C'est la guerre. »

Ilya Shpolianski, quarante-cinq ans, s'est engagé pour servir son pays avant l'annexion de la Crimée. À l'époque, rares étaient ceux qui osaient quitter leur routine pour aller combattre. La 79e brigade d'artillerie de Mykolaïv lui a appris le métier d'artilleur. Aujourd'hui spécialisé dans le renseignement aérien, Ilya n'a pas oublié sa première expérience au front en 2014. « On était avec un groupe de saboteurs. Dès les coordonnées et l'ordre reçus, on n'a pas hésité. C'était jouissif de faire du grabuge, de liquider l'ennemi avec autant d'efficacité. »

Impérieuse, la guerre galvanise, mais elle dissout aussi les familles. Père de trois enfants qu'il a pris le temps de mettre à l'abri en Allemagne au début de l'année 2022, Ilya s'est remarié un an plus tard avec une soldate de trente-huit ans rentrée combattre depuis la Pologne où elle s'était réfugiée. Sa première épouse, à qui il envoie de l'argent tous les mois, a refait sa vie à Berlin. Le coup de foudre récent d'Ilya sur le front lui a redonné énergie et espoir, comme si la vie reprenait et que cet horrible conflit offrait une seconde chance, voire une possibilité nouvelle de trouver un sens à son existence. « Je ne peux pas prédire ce qui va se passer, l'hiver 2023-2024 va être dur, même si rien de catastrophique ne devrait avoir lieu », veut croire Ilya, qui répète, comme Oleg, la rancune en moins, que « ceux qui se battent en Ukraine n'ont besoin que d'argent et d'armes ». Ilya est fier que « grâce à cette guerre », les Européens découvrent que la société ukrainienne offre à chacun la possibilité de se réaliser pleinement. Les séries d'arrestations de hauts fonctionnaires pour corruption orchestrées par le gouvernement ukrainien à l'été et l'automne 2023 ne le choquent en rien, « au contraire, elles sont le signe que nous sommes de plus en plus sains et que nous nous éloignons de ce qui constituait le cancer soviétique puis russe ». En revanche, Ilya est choqué que l'Europe continue à acheter du combustible nucléaire à la Russie [1]. « Et du gaz ! »

1. Cf. France Info, mis à jour le 8 décembre 2022 : « Selon les dernières données disponibles, les importations d'uranium naturel en provenance de Russie sont désormais presque nulles. Le comité technique Euratom (CTE), l'autorité chargée du suivi de l'application des contrôles internationaux sur les matières nucléaires, précise à franceinfo qu'en 2020, la France a acheté 6 282 tonnes d'uranium, principalement auprès du Niger (34,72 % des importations), du Kazakhstan (28,95 %), de l'Ouzbékistan (26,43 %) et de l'Australie (9,91 %). La Russie n'a exporté cette année-là dans l'Hexagone que 2 kg d'uranium naturel, une quantité quasiment négligeable. Pour l'année 2021, les statistiques des douanes fran-

Sur ce point, il se trompe, l'Europe fait son possible pour cesser ses importations mais les flux sont longs à se tarir. Après presque deux ans de guerre, il continue à soutenir le président Zelensky et balaie toute idée de négociation de paix qu'il pense inutile en l'absence d'un échec tangible sur le front. Il pense aussi que l'élection présidentielle ukrainienne ne devrait pas avoir lieu au printemps 2024 : « De toute façon, Zelensky la gagnera, alors pourquoi l'organiser ? » et s'amuse qu'en Russie, où l'issue du scrutin présidentiel du printemps 2024 est connue à l'avance, on tienne tant à ce qu'elle ait lieu ! Dans ses rêves les plus fous, Ilya espère que la résistance ukrainienne forcera des changements politiques en Russie, « comme on l'a vu avec la rébellion avortée de Prigojine [1], même si on est heureux que ce type ne soit plus de ce monde car ses combattants étaient une réelle menace ».

« La guerre rend indifférent à tout »

Dix ans plus tôt, revenant en train de reportage à Sébastopol, la capitale de la Crimée, j'avais été accueillie

---

çaises confirment qu'il n'y a pas eu la moindre importation d'uranium naturel en provenance de Russie. »

1. À propos d'Evgueni Prigojine, lire chapitre IV « Décryptages ».

sur le quai de la gare dans la ville de Dnipropetrovk [1] par un jeune homme à l'air timide dont les cheveux blonds formaient un toupet allongeant sa svelte silhouette de géant. En ce printemps 2022, je le retrouve dans la même ville. La vie d'Alexandre Chout, trente-huit ans, a changé avec l'invasion : chargé des relations publiques d'une chaîne nationale de supermarchés, il a abandonné ce poste convoité pour s'engager. Alexandre est un officier du renseignement de l'armée ukrainienne qui maîtrise aussi bien le russe que l'ukrainien. Dans un restaurant de Dnipro, il me présente Vika, son amoureuse, originaire d'Ivano-Frankivsk, dans l'ouest de l'Ukraine, où résident ses parents. Nous devisons en russe, ma seule langue de communication avec elle, dont Sacha (diminutif d'Alexandre) m'avoue qu'elle la pratique pour la troisième fois seulement de sa vie ce soir. Je m'excuse d'imposer à Vika la langue de l'ennemi. Heureusement, son désir de raconter est plus fort que sa détestation de principe. « La guerre rend indifférent à tout, s'excuse-t-elle, les médias nous montrent des horreurs et je me suis rendu compte que le seul moyen de me calmer, c'était d'aller moi aussi chercher tous les jours sur Internet combien les Russes avaient perdu d'hommes ou de véhicules. On devient comme eux, c'est horrible ! » avoue la jeune femme aux manières effacées. « À trente ans, j'ai l'impression que

1. Aujourd'hui, cette ville ukrainienne s'appelle Dnipro.

ma vie se confond avec ce qu'on peut lire dans les livres d'histoire, pourtant, ce qui nous arrive, c'est la réalité ! » confie-t-elle, reconnaissant n'avoir avant cette guerre accordé aucune importance au président Volodymyr Zelensky. Vika était écolière du temps de la « révolution orange », ce moment historique entre novembre et décembre 2004, quand des centaines de milliers d'Ukrainiens sont descendus dans la rue en soutien au candidat du scrutin présidentiel Viktor Iouchtchenko, en tête dans les sondages à la sortie des urnes et dont la couleur du parti était l'orange, alors que son rival, Viktor Ianoukovitch, soutenu par le président russe Vladimir Poutine, avait été déclaré vainqueur. Sous la pression de la rue, le 3 décembre 2004, la Cour suprême ukrainienne annule le résultat de l'élection présidentielle du 21 novembre et ordonne la tenue d'un nouveau second tour qui se déroule le 26 décembre 2004 en présence d'environ 12 000 observateurs internationaux. L'opposant Viktor Iouchtchenko en est proclamé vainqueur avec 51,90 % des voix. Il sera investi président le 23 janvier 2005. Au scrutin présidentiel de 2019, la jeune femme vote en faveur de Petro Porochenko, le président sortant [1]. « Je n'appréciais pas l'humour de Zelensky et le prenais pour un rigolo. Mais dès le début de la bataille de Kiev, au troisième jour du conflit, j'ai

1. Petro Porochenko a été président de l'Ukraine indépendante du 7 juin 2014 au 20 mai 2019.

changé d'avis sur lui. C'est pareil pour de très nombreux Ukrainiens. Quand Zelensky a déclaré publiquement n'avoir besoin ni d'aide, ni de billet d'avion pour quitter le pays, c'était très fort. Depuis, tous les soirs, on l'écoute, il est là, avec nous. » Sacha renchérit : « C'est simple, moi je détestais Zelensky, même si je voyais bien qu'en matière de comm', il avait très bien mené sa campagne ! Aujourd'hui, je suis son plus fidèle fan ! »

Alors qu'elle ne parle pas anglais, le rêve de Vika est de partir vivre aux États-Unis, celui de Sacha de se rendre au festival Burning Man, dans le Nevada, confie-t-il, le regard dissimulé derrière ses Ray-Ban noires, élégant dans son jean et sa gabardine à carreaux noirs et blancs. Le couple espère se marier à l'automne. Plus d'un an plus tard, ils n'ont toujours pas convolé, guerre oblige. Le désir d'enfant les titille. Sacha en voudrait deux, dont un orphelin de guerre qu'ils adopteraient.

Vika et Sacha ne se sont rendu compte de l'imminence de la guerre que deux semaines avant l'invasion, lorsque les médias commençaient à rapporter que, côté russe, se massaient de nombreuses unités. Sacha se souvient que quelques jours avant la date fatidique, ses collègues ne parlaient que de « ça » au travail. À ce moment-là, le couple réfléchit : où se réfugier ? Comment s'organiser ? Ils décident de se séparer : Sacha restera à Dnipro, où il vit et travaille, non loin de ses parents, et Vika ira se réfugier chez les siens, dans l'ouest de l'Ukraine. Mais l'éloignement pèse aux jeunes amoureux : au lendemain du retrait des troupes russes de Kiev, ils se retrouvent chez Sacha, à Dnipro. « Notre idée était la suivante, raconte ce dernier avec le sourire, comme s'il s'agissait d'un bon plan de vacances : en cas de problème, Vika repartirait vers Kiev et moi j'évacuerais mes parents, ma sœur et sa famille dans mon appartement de Dnipro. »

Sacha a décidé de m'accompagner sur le front sud : il se déclare en télétravail pour quelques jours et nous voilà partis à bord de sa voiture chinoise Geely couleur orange vif. Moi qui comptais être discrète… Pendant les longues heures de route, le jeune homme tente de m'expliquer les liens complexes entre l'oligarque multimilliardaire Ihor Kolomoïsky, ex-gouverneur de la région de Dnipropetrovsk [1], et le président Zelensky. Les interminables querelles entre membres de l'élite ukrainienne passionnent le jeune homme : « Kolo, qui possède les nationalités ukrainienne et israélienne, a émigré en Israël, mais, finalement, les autorités américaines l'ont accusé de blanchiment. Rentré en Ukraine où, fiscalement, il se sentait davantage en sécurité, il a

1. Ihor Kolomoïsky a été nommé gouverneur de la région de Dnipropetrovsk par Oleksandr Tourtchynov, président de l'Ukraine par intérim de février à juin 2014. Il restera gouverneur de mars 2014 à mars 2015. En 2016, PrivatBank, la première banque du pays, dont Kolomoïsky est propriétaire, est nationalisée précipitamment après un détournement présumé.

généreusement financé la campagne de Zelensky en 2019 puis les deux hommes se sont disputés, Zelensky lui ayant fait comprendre que l'avoir financé ne lui donnait aucun droit sur lui. » À hauteur de Krivy Rig, la ville natale du président ukrainien, la route vers le sud est coupée car elle longe une base militaire. De nombreuses colonnes circulent en sens inverse. Écouteurs aux oreilles, Sacha passe quelques coups de fil « de boulot ». Je suis angoissée à l'idée qu'un incident nous retarde et lui fasse perdre son emploi. Non loin de Mykolaïv, notre destination, des hommes s'affairent à couper des arbres qu'ils placent en travers du passage. « Qu'est-ce qu'ils font ? Ça servira à rien contre les tanks », estime Sacha, agacé d'être contraint à ralentir. Partout, les jonquilles sont en fleur.

« Nous, on fait la guerre pendant que vous, vous en êtes encore à faire de la politique ! »

Par souci de discrétion, Serheï, officier de presse de l'administration militaire de la région de Mykolaïv, m'a donné rendez-vous à un coin de rue. De là, nous marchons jusqu'à l'immeuble du gouverneur et de son administration, cible d'une frappe récente [1], nous courbons pour passer sous les barrières de sécurité et nous

1. Le 29 mars 2022.

asseyons sur un banc près de l'ancienne statue de Lénine (déboulonnée en 2014), à bonne distance des oreilles intéressées par notre échange. Des cousins de cet officier ukrainien vivent à Novossibirsk, en Sibérie, et combattent côté russe. Il ne leur parle plus depuis la guerre entre la Russie et la Géorgie [1], « depuis que ces salauds m'ont annoncé que les Ukrainiens seraient les prochains sur la liste. Et moi qui ne les avais pas crus… ».

Dans les cinq dernières années, Serheï a déboulonné trois statues de Lénine sur plus d'une trentaine dans la région. Celle sous laquelle nous devisons a toujours été le point de ralliement des anti-Maïdan, « ces gens à la mentalité encore soviétique qui attendent passivement que l'État résolve les problèmes à leur place ». Depuis la révolution orange de 2004, les Ukrainiens se déchirent entre « pro-Maïdan » (pro-révolution orange) et « anti-Maïdan », selon qu'ils sont des libéraux désireux de s'arrimer à l'Occident, et notamment l'Union européenne, ou des conservateurs pro-russes. L'invasion russe du 24 février 2022 a exacerbé cette division. Laissant affleurer ses convictions politiques, les propos de l'officier me paraissent favorables à Petro Porochenko, le fameux prédécesseur de Zelensky dont beaucoup me parlent. « De belles routes ont été construites mais on peut dire aujourd'hui que ce sont justement ces voies

1. La guerre entre la Russie et la Géorgie s'est déroulée entre le 7 et le 16 août 2008.

de communication qui ont permis aux tanks russes de foncer facilement à travers nos campagnes ! » ironise-t-il. « Et maintenant, les Russes sont comme un poulet sans tête qui continue à courir, hagard, par automatisme. J'ai pitié d'eux. » Lui aussi est taraudé par le souvenir de la puissance nucléaire perdue : dans les pires cauchemars de Serheï, son pays pourrait devenir la première victime d'une frappe nucléaire russe, une perspective qui le fait bégayer de fureur. Mais, au final, sa colère, tout comme celle d'Oleg, se concentre plutôt sur les Occidentaux, qu'il méprise pour avoir encore peur de Vladimir Poutine, alors que, grâce à l'OTAN, ils ne le devraient pas. « Nous, on fait la guerre, pendant que vous, vous en êtes encore à faire de la politique ! » regrette-t-il. Cet ancien marin engagé depuis 2014 ne cache ni son désarroi ni sa rage : il sait qu'ici les traîtres pullulent, sinon comment les Russes auraient-ils pu avancer si rapidement de la Crimée vers le nord et prendre Kherson sans résistance ? Serheï fulmine. Il est le premier haut responsable ukrainien que je vois à ce point en colère sur ce sujet tabou. La trahison du procureur régional qui a transmis des informations secrètes aux Russes en échange de garanties sur sa sécurité l'a marqué : « Nos services de renseignement ont annoncé son arrestation, et puis plus rien ! » Ses propos sur le président Zelensky, dont lui non plus n'a jamais apprécié l'humour, tranchent avec l'union de façade que projette l'Ukraine en guerre : « Zelensky est la marionnette de nos oligarques, y a qu'à voir ses relations d'amour et de haine avec Ihor Kolomoïsky qui l'a financé, c'est juste un clown aux bons mots ! » accuse cyniquement l'officier de presse militaire. « Ah ça, du point de vue de la rhétorique, il est parfait ! Mais on est un paquet à se poser des questions : avoir laissé remonter des militaires russes aussi facilement vers le nord depuis la Crimée au lendemain de l'invasion relève presque de la trahison ! En tant que président, c'est lui le responsable ! » accuse-t-il, m'assurant que de très nombreuses personnes au sein de l'armée partagent son sentiment. Selon ce militaire, après avoir été miné à certains endroits clés, le sol a été inexplicablement déminé sous prétexte que, même occupée, la Crimée faisait encore partie de l'Ukraine et qu'il ne fallait pas s'en couper. Mais ce déminage aurait permis le passage et l'avancée rapide des troupes ennemies. En revanche, Serheï voue un immense respect à Valeri Zaloujny, le chef d'état-major ukrainien, qu'il estime « plus populaire » que le président [1].

1. Le 8 février 2024, le président Volodymyr Zelensky a annoncé, lors de son message vidéo quotidien, qu'il remplaçait le général des forces armées ukrainiennes Valeri Zaloujny par le général Oleksandr Syrsky, ex-chef de l'armée de terre.

« On se déculotterait face à un homme qui brandit la menace nucléaire ? »

« Il n'y a pas de mauvais soldats, il n'y a que de mauvais officiers », grogne Max, quarante-cinq ans, un ancien de la Légion étrangère française, allongé sur son lit dans un hôtel de Kiev où il passe des heures à étudier des vidéos de combats entre Russes et Ukrainiens sur TikTok et Telegram. J'ai fait sa connaissance en 2006, à Kandahar, dans le grand Sud afghan où je couvrais la guerre contre les talibans, et l'ai retrouvé en ce printemps 2022 à Lviv où, dès après l'invasion, les volontaires étrangers ont afflué via la Pologne. Sur sa poitrine, un tatouage de la Légion représente la mort coiffée du fameux béret vert. Sur son épaule, le trident ukrainien.

Max est le fils d'une mère juive hispanico-italienne et d'un père juif marocain qu'il perd à l'âge de neuf ans. Quand il fait son service militaire en Italie, la guerre en Yougoslavie fait rage et l'indifférence des pays occidentaux, de l'OTAN et de l'ONU à ce conflit en plein cœur de l'Europe le surprend. « Je retrouve en Ukraine des militaires qui ont combattu en Afghanistan où des milliards de dollars ont été dépensés pour rien, où des milliers d'hommes ont perdu leur vie pour rien, et ici, en Europe, on se déculotterait face à un homme qui brandit la menace nucléaire ? » Max secoue lentement la tête. « J'ai combattu en Irak, en Afghanistan, les

Occidentaux se sont impliqués sur ces deux théâtres… et là, on n'irait pas parce qu'un homme, Vladimir Poutine, s'est permis d'envahir, persuadé qu'on bougerait pas ? »

En s'engageant personnellement sur le terrain, Max souhaite faire disparaître la désagréable impression d'avoir été « trahi » par l'OTAN. Intégré dans la Légion internationale sous commandement ukrainien, il est employé sur le front à ce qu'il sait le mieux faire : de la reconnaissance et du renseignement par-delà la ligne de front. « Les Russes sont de très mauvais combattants en zone urbaine, ils n'utilisent aucune couverture pour passer d'un bâtiment à un autre… En revanche, qu'est-ce qu'ils sont nombreux ! » reconnaît-il, de retour de Bakhmout où il a passé des semaines d'enfer avec sa section [1] à résister face à une quarantaine de soldats ennemis dans un hameau situé entre la première ligne de défense russe et les défenses ukrainiennes. « Où qu'ils arrivent, les Russes pillent ! C'est aussi ça qui les fait perdre ! Ils se déconcentrent du combat en pillant ! » Choqué par ce comportement, Max me demande des précisions sur le niveau de vie en Russie : « Seraient-ils pauvres au point de discuter avec leurs femmes dans les conversations qu'on intercepte sur ce qu'il vaut mieux voler et rapporter : une PlayStation ou des cuvettes de

1. 26 hommes, dont une majorité de Britanniques, des Danois, des Espagnols, quelques Lituaniens et un Portugais.

WC ? » Le plus âgé et le plus gradé de sa section, Max commande son groupe. Quand il est informé que deux de ses hommes (un Portugais et un Lituanien) viennent d'être faits prisonniers dans un village, cible de l'artillerie russe depuis plusieurs semaines, il n'hésite pas une seconde : il faut aller les récupérer. Depuis des semaines, ses soldats survivent dans des maisons abandonnées. Sa section est équipée de deux fusils d'assaut Beretta AR 70-90, une « très bonne arme italienne », assure-t-il, d'une kalachnikov pour chacun, de quelques grenades et d'un drone de reconnaissance grâce auquel, de nuit, ils parviennent à repérer l'exacte position de l'ennemi (plutôt dans les bâtiments que dans les tranchées). Alors qu'il sait sa section en infériorité numérique, peu avant l'aube, Max lance l'assaut en trois points différents pour donner l'illusion du nombre. « On leur a balancé des grenades, ils ont répliqué avec des kalachs et sans doute un ou deux RPG (lance-roquettes antichar portatif), leur arme la plus lourde. Mais bon, finalement, ces soldats de la 7e brigade motorisée de la république autoproclamée de Louhansk ont fini par battre en retraite ! » se félicite le légionnaire, dont les hommes ont fouillé chaque maison pour retrouver les deux soldats au fond d'un sous-sol, bras et pieds liés. Après soixante-treize heures d'opération, les volontaires étrangers déclarent 22 morts ennemis et 7 prisonniers blessés. En photographiant chaque soldat mort et en récupérant leurs papiers, qu'ils remettent aux responsables du renseignement militaire ukrainien, ils constatent que, comme eux, la plupart gardent, pliées sur la poitrine, des lettres et photos de leurs proches, et aussi un peu d'argent ukrainien. Cynique et désabusé, Max sait que le village ukrainien où il a failli perdre la vie (grâce à son gilet pare-balles, il n'a eu que trois côtes cassées) risque à tout moment de passer sous contrôle russe. « Mais même si les Ukrainiens se battent hyper bien, les Russes dominent grâce à leur artillerie lourde et surtout grâce à leur nombre. » Si Max souligne l'ingéniosité et le courage des soldats ukrainiens, il constate que beaucoup des officiers conservent une mentalité soviétique : « Les gradés ne possèdent aucune expérience de combat aux normes OTAN, c'est nous qui la leur apportons ! Voilà pourquoi ils nous donnent des ordres stratégiques mais nous laissent décider de la tactique. Je sens qu'ils apprennent rien qu'à nous regarder. En fait, ils nous cassent les couilles, c'est vraiment mieux quand ils nous laissent faire ! » s'amuse-t-il.

J'ai compris : ils me pensent espionne

Depuis mon hôtel, un ancien foyer pour ouvriers des chantiers navals soviétiques, je me rends à pied vers le « secteur privé » de Mykolaïv, le quartier des lotissements. Après un rapide coup d'œil dans la rue confirmant que je ne suis pas seule à braver le danger, je sors alors que les sirènes d'une énième alerte retentissent. Le matin même, après avoir fait la queue dans un des rares magasins ouverts, j'ai déniché un gâteau de Pâques et me réjouis à l'idée de l'offrir à mes interlocuteurs du jour qui ont la gentillesse de me recevoir chez eux pour le thé. Mais il me faut traverser la ville. Sur le chemin, je croise une *babouchka* peinant à rapporter chez elle deux bidons d'eau de six litres chacun et lui propose mon aide. Nous voilà toutes deux assises sur un muret, à deviser non loin de son perron. En plein dialogue en russe, filmé avec mon smartphone, la vieille femme me demande si je sais quand les Russes vont arriver ! Elle semble ignorer qu'ils ont déjà pris la ville voisine de Kherson et, à sa façon de me parler, je comprends qu'elle est en leur faveur. « Plus vite ils arriveront, plus je serai contente ! » m'affirme-t-elle sans se rendre compte que je suis journaliste, encore moins étrangère. Tenant mon téléphone bien droit face à elle, m'efforçant de rester stable, j'entrevois deux silhouettes à l'extrême droite de mon champ de vision. Elles s'approchent alors que la rue s'est vidée. Armés, sans aucun insigne, tout de noir vêtus, la mine fermée, les deux hommes exigent mes papiers. Accroupi près de moi, mon passeport français entre les mains, l'un d'eux jubile, comme s'il venait de me prendre en faute. Je suis journaliste, ce qui, théoriquement, m'autorise à me trouver dans cette rue malgré les sirènes, ainsi qu'à filmer une civile ukrainienne, mais, visiblement, ma présence lui déplaît. Nous ne sommes pas sur un terrain militaire en première ligne, je connais mes droits, mais tous deux n'ont pas l'air de cet avis. Le binôme ne s'est pas présenté et refuse de me dire à quelle structure ils appartiennent. Je montre mon accréditation du ministère de la Défense ainsi qu'une autre autorisation reçue la veille des autorités civilo-militaires régionales. Quasi menaçants, les deux hommes veulent savoir de quoi je parlais avec la *babouchka*, pourquoi je suis seule, sans accompagnateur ukrainien, et, surtout, pourquoi je parle russe. J'ai compris : ils me pensent espionne.

La première fois que j'ai été accusée d'être une espionne, c'était par les autorités russes vingt ans plus tôt, dans la Tchétchénie en guerre [1]. Depuis, cela s'est reproduit ici et là : les journalistes, qui plus est reporters de terrain, sont souvent ainsi catalogués quand des autorités ou des individus à court d'argument n'arrivent pas à concevoir que leur but est d'informer sans prendre parti, avec exigence et détermination. Ces viles attaques ne m'ont jamais touchée. Au contraire, elles prouvent que la présence du journaliste est toujours justifiée : je n'ai aucun problème à être la gêneuse, j'en suis même fière, bien que ce matin-là, à Mykolaïv, me trouver face à l'inutilité de mes accréditations ne soit pas vraiment

1. J'ai raconté cette mésaventure dans mon premier livre *Chienne de guerre*, Fayard, 2000.

agréable. Pendant que les deux individus parlementent au téléphone avec un mystérieux interlocuteur pour « vérification », la *babouchka* a disparu. Finalement, un véhicule militaire surgit, dont descendent trois hommes en uniforme, qui, eux non plus, ne se présentent pas. Je montre une énième fois mes papiers. Ce manque de confiance est particulièrement rageant : qu'ajouter quand les arguments de bonne foi semblent n'avoir aucune valeur ? Quand le chef s'éloigne pour passer un coup de fil, l'un des deux premiers arrivés, relativement plus compatissant, me glisse qu'en temps de guerre, la méfiance règne car certains, comme moi, possèdent tous les papiers mais ils sont vraiment des espions russes ! Enhardi, il pousse la provocation jusqu'à me demander de lui livrer tous les contacts russes de mon répertoire téléphonique, ce à quoi je rétorque qu'après avoir vécu dix ans en Russie et voyagé quasi dans le monde entier, je possède évidemment des contacts russes, mais aussi chinois, irakiens, israéliens, sud-africains, américains parce que c'est mon métier, et que je ne les donnerai à personne. Je fulmine, d'autant plus que l'un des trois militaires se remet à s'étonner que je me déplace à pied et non accompagnée ! Tous sont estomaqués par cette façon inédite de travailler. Acculée, je finis par appeler mon contact dans le renseignement militaire à Kiev, gageant que ces hommes sont rattachés à cette institution. Il m'exhorte à appeler immédiatement une certaine Tetyana, à qui je passe le chef militaire. Quand il me rend mon téléphone, le chef sourit, annonce que tout va bien et même s'excuse ! Je mesure l'influence de cette femme, sans aucun doute la représentante locale des services de renseignement. Sans elle et mon contact à Kiev, j'aurais perdu je ne sais combien d'heures au poste à convaincre ces zélés serviteurs de l'État ukrainien que je ne suis pas une espionne. L'ambiance est devenue presque amicale et les voici qui m'offrent de me déposer en voiture chez les amis où je dois fêter Pâques. Il n'en est pas question : je tourne les talons et poursuis à pied.

« Vous n'avez pas passé le test ! »

Quelques jours plus tôt, un incident de même nature s'était produit dans la ville de Dnipro, alors que je déjeunais dans un restaurant du centre. Dès le seuil franchi, je m'étais sentie scrutée par deux hommes à la mine patibulaire qui devisaient à voix basse. Un autre baraqué déjeunait seul non loin de ma table. En dégustant mes pâtes, j'avais visionné sur mon téléphone portable vertical face à moi une vidéo en russe. Brusquement, le baraqué s'était approché et présenté comme l'agent de sécurité du restaurant. « Vous venez de filmer une vidéo avec votre téléphone, montrez-la-moi », m'accusa-t-il en haussant le ton, désignant les deux autres qui poursuivaient leur conciliabule. Je répondis qu'il se trompait et qu'il était hors de question que je lui remette mon téléphone. Le ton monta jusqu'à ce que l'un des deux s'adresse à lui en ukrainien et le calme. Je crus qu'on en resterait là. Mais lorsque je me levai et m'apprêtai à sortir, les deux « chefs » se levèrent à leur tour et me suivirent jusqu'à la porte, obstruée par l'agent de sécurité. Je commençai à m'angoisser : qui étaient ces hommes ? Que me voulaient-ils ? Les clients du restaurant avaient tous disparu, même la sympathique serveuse, et en l'absence de témoins, ces individus pouvaient faire de moi ce qu'ils voulaient [1]. « Vous n'avez pas compris, mais ici c'est la guerre », me lança celui que je supposai être le gérant ou le propriétaire. « Vous êtes sûrement journaliste », ajouta-t-il sur un ton méprisant. J'étais sidérée par cette hostilité. « Oui, je suis journaliste, oui, c'est la guerre, c'est justement parce que c'est la guerre que je suis là et je ne suis pas votre ennemie ! » Soit ces hommes avaient des choses à cacher et j'étais tombée par hasard au mauvais endroit au mauvais moment, soit, et c'était pire, ils m'en voulaient parce que j'étais journaliste. Je commençai à avoir la désagréable impression d'être piégée. Finalement, le chef exhorta en ukrainien le baraqué à me laisser sortir. Je bondis à l'extérieur et retournai à mon hôtel par des routes adjacentes, redoutant d'être suivie.

1. Ce genre de situation hostile s'est également présenté maintes fois en Russie depuis que j'y travaille en tant que journaliste.

Être reporter dans un pays en guerre c'est s'exposer à toutes sortes de dangers plus surprenants les uns que les autres. La clé est de savoir s'adapter et de rester ouvert à tous les contacts, comme celui rencontré à Kiev au tout début de mon reportage. Je ne savais pas vraiment qui était Marko mais subodorais qu'il émargeait au GUR, le tentaculaire service de renseignement militaire ukrainien chargé de garder un œil sur les journalistes étrangers. L'homme s'intéressait à tout ce que je faisais, à qui je souhaitais rencontrer, mais surtout, il voulait être l'objet de mon attention, bref, il aurait aimé que je l'interviewe. Pour ne pas le froisser, je consentis à me rendre dans un bâtiment à deux pas du palais présidentiel où Marko semblait avoir ses habitudes, ancien siège de la police politique soviétique dans les années 30. Activiste du premier Maïdan de 2004, Marko m'avoua avec fierté sa proximité avec le parti d'extrême droite Pravy Sektyor (Secteur droit), proche des nationalistes et populaire dans l'ouest de l'Ukraine. Arrêté en 2014 par les Russes et emprisonné quelques mois en Russie jusqu'à son échange qu'il ne détailla pas, depuis, il s'était assagi et déployait ses talents au sein d'une brigade de la défense territoriale de la capitale. Marko me fit surtout rencontrer son chef, un colonel du GUR qui se faisait appeler Bohdan, celui-là même qui fut mon interlocuteur/sauveur lors de l'incident avec la *babouchka* de Mykolaïv. À l'occasion de ce qui fut notre seule rencontre, une voiture de police banalisée aux vitres teintées passa me chercher au bas de l'appartement de la capitale où je logeais. En sortit un homme aux traits adolescents vêtu d'un treillis impeccable et coiffé d'une casquette aux couleurs de l'Ukraine. Galant, il prit le temps de faire le tour du véhicule pour m'ouvrir la porte arrière droite. À l'avant, je reconnus le binôme de policiers qui m'avaient emmenée quelques jours plus tôt visiter la localité d'Irpin avec d'autres journalistes [1]. Rouslan, râblé, et Serheï, aux traits aristocratiques, m'avaient raconté leur plaisir d'enfant à rouler, les premiers jours de l'invasion, sur les artères désertées de la capitale, quand l'arrivée potentielle des Russes était annoncée et que l'angoisse les tenaillait. Ils aimaient faire corps avec leur bolide, surtout quand ils enclenchaient le gyrophare bleu clignotant. De nouveau, on roula à tombeau ouvert jusqu'à un bâtiment administratif sans âme : un club de sport déserté. À l'arrière, Bohdan restait silencieux. À peine arrivés, le propriétaire nous installa dans son bureau et disparut. Le but de cette rencontre était que j'obtienne de Bohdan (dont l'uniforme dépourvu de tout grade empêchait qu'un éventuel sniper ennemi ne le cible) un laissez-passer pour circuler à ma guise en Ukraine sans avoir trop de problèmes. J'avais décidé de lui avouer mes intentions de déplacements, sachant que les services de sécurité ukrainiens n'auraient aucun mal à me pister.

1. Cf. chapitre III, p. 109-112.

En ces débuts de guerre, je n'étais pas la seule journaliste à fulminer : si le ministère de la Défense ukrainien accordait généreusement ses accréditations, il ne garantissait pas l'accès en première ligne, alors que la mission du reporter de guerre est bien de s'en approcher le plus possible. Je racontai à Bohdan mon expérience de la Tchétchénie, où le théâtre des opérations, de la taille d'un mouchoir de poche, m'avait permis de me faufiler là où j'avais l'impression que « ça » se passait, même si l'armée russe faisait, elle aussi, tout son possible pour contrôler les journalistes. Du côté des combattants indépendantistes tchétchènes, personne n'était véritablement en charge du contrôle des correspondants et tout dépendait de la relation personnelle instaurée – ou pas – avec les chefs de guerre. Intelligent et intuitif, Bohdan me donna de judicieux conseils : « N'hésitez pas à rebrousser chemin si vous vous retrouvez sur une route où les points de contrôle sont vides, signe qu'ils ont été évacués par les représentants des forces de l'ordre ukrainiens », souligna-t-il d'une voix claire. « Attention, les informations des civils ont souvent deux ou trois jours de retard sur les mouvements militaires réels du terrain. Si vous vous retrouvez dans une région qui n'est plus entre nos mains, faites disparaître votre carte SIM ukrainienne », lança-t-il. Le nez sur les cartes routières de son pays, Bohdan finit par me poser une colle : « Imaginons que vous appartenez à un groupe de militaires des forces spéciales et que vous êtes en reconnaissance dans une zone tenue par l'ennemi. Alors que vous marchez dans la forêt, vous croisez une femme et un enfant qui ramassent des champignons. Qu'est-ce que vous faites ? » Très sérieux, il attendait une réponse. « Je vais leur parler », répondis-je. « Vous n'avez pas passé le test », rétorqua l'officier d'une voix métallique, ses yeux gris me fixant. « Non. Vous les tuez, elle et l'enfant. Sinon, en rentrant au village, ils diront qu'ils vous ont rencontrée. C'est exactement ce qui vous attend si vous tombez sur des Russes au mauvais endroit au mauvais moment, donc ne jouez pas avec ça s'il vous plaît », m'implora-t-il.

Chapitre II

En Russie

Quelle que soit son opinion par rapport à la guerre, pas un citoyen russe vivant en Russie ne peut trouver la situation « agréable »

« Mon fils m'appelle d'un numéro inconnu et m'assure que tout va bien. Il ne se plaint jamais », répète comme un mantra Valia, ses cheveux blonds noués en nattes sur la nuque, le teint moins flamboyant que d'habitude, les traits rongés par l'angoisse. Nous sommes assises sur le coffre en bois de l'entrée d'une maison où elle travaille, dans un village à 350 kilomètres au sud-est de Moscou. Son service militaire terminé, Liocha, son fils de vingt-quatre ans, a été mobilisé en septembre 2022, envoyé dans un camp d'entraînement, puis dans la zone de l'« opération militaire spéciale » sur la ligne de front en Ukraine. Depuis, il ne se passe pas une nuit ou une journée sans que sa mère attende fiévreusement son appel. Aujourd'hui, elle tremble : le silence de son fils la terrorise. « Au moins, quand il téléphone, même si la conversation dure deux minutes, je sais qu'il est vivant », murmure Valia, mains nouées et voix blanche, sans nouvelles depuis cinq jours. Avant le départ de Liocha, il avait fallu lui acheter des tenues chaudes et un équipement personnel non fourni par l'armée. Puisant dans leurs minces économies, sans mot dire, les parents avaient obtempéré. « Si seulement il pouvait y avoir des pourparlers, seul cet espoir me fait tenir », glisse Valia alors que, depuis dix ans que je la connais, nous n'avons jamais discuté politique.

Deux semaines après notre conversation sur le coffre, Valia reçoit un coup de fil des autorités lui annonçant sans détour ni détails la mort de son fils Liocha en Ukraine, l'unique mobilisé de ce village de la région de Riazan.

Me glissant de l'autre côté du miroir, allais-je faire face à une autre réalité ?

Depuis que la guerre entre la Russie et l'Ukraine a éclaté, il est devenu plus compliqué de se rendre en Fédération de Russie : les compagnies aériennes occidentales ne desservent plus aucune destination russe, il faut envisager de longs détours par Dubaï ou par Istanbul. À l'automne 2022, je trépigne : il m'apparaît nécessaire de me rendre sur ce terrain, là où ma carrière a débuté, pour raconter la réalité de la perception de l'invasion par les Russes et vérifier si, là-bas, comme l'affirme Anna Colin Lebedev, domine un unique récit russe « lourd de clichés, de manipulation des références historiques [1] ». Je fais la demande officielle d'un visa journaliste que j'obtiens pour trois mois renouvelables.

Dans une salle d'attente de l'aéroport d'Istanbul, j'observe un couple de voyageurs russes : en courte robe de soie mauve malgré la météo mitigée, sourcils et bouche redessinés, la jeune femme a les yeux rivés à l'écran de son smartphone. À ses côtés, un homme aux cheveux ras en jogging Adidas est lui aussi absorbé par son écran arrimé à sa main gauche, la droite étant ostensiblement posée, doigts écartés, sur la cuisse de sa compagne. En famille ou en couple, les bras chargés d'encombrants paquets, la plupart de ces voyageurs rentrent à Moscou. Tous arborent le visage fermé de ceux qui ne veulent pas se laisser importuner. Depuis le début de la guerre, que n'ai-je entendu à propos de ces Russes accusés d'être pro-guerre en bloc et coresponsables de la décision de Vladimir Poutine ! Même mon propre père, qui, depuis mon enfance, m'avait transmis son enthousiasme pour ce pays et ses habitants, et sous l'influence duquel, peut-être, je m'étais initialement engagée dans les études « post-soviétiques », doutait de ma capacité à parvenir, dans ces conditions, à faire parler qui que ce soit, et même, plus généralement, du bien-fondé de retourner pratiquer le journalisme en Russie ! Je comprenais sa colère et son chagrin : depuis l'invasion, il ne

1. Cf. Florent Georgesco, « Anna Colin Lebedev et Andreas Kappeler : "Ukrainiens et Russes ne sont plus des frères. Ce sont des ennemis." », *Le Monde*, 15 septembre 2022.

voulait plus retourner en Russie et craignait de ne plus pouvoir la visiter en paix, mais je ne l'écoutais pas.

La Russie est un espace immense qu'il me fallait recommencer à sillonner. Qu'allais-je y trouver, y ressentir ? L'odeur des rues serait-elle celle de mon souvenir, quand j'enquêtais lors de la campagne présidentielle de 2018 pour comprendre si le « continent russe » soutenait encore Vladimir Poutine [1] ? Me glissant de l'autre côté du miroir, allais-je faire face à une autre réalité ? Serait-elle celle des « chuchoteurs [2] », qui, sous Staline, échangeaient au fond de leur cuisine, pesant chaque mot ? Les Russes étaient-ils tous devenus de monstrueux va-t-en-guerre ou allais-je les découvrir inquiets, démunis, impuissants ? Quand, par-dessous le hublot, surgit enfin la muraille fauve, impénétrable, humide, de la forêt russe, une sourde angoisse m'étreignit.

« Nous, en Russie, on résiste, et tant pis si on nous déteste pour ça ! »

La plupart des jeunes soldats sont issus de la *gloubinka*, la province russe profonde où le spectre de

1. Cf. Anne Nivat, *Un continent derrière Poutine ?*, Le Seuil, 2018 ; ainsi que le film documentaire du même titre diffusé le 18 mars 2018 sur France 5.

2. Cf. Orlando Figes, *Les Invisibles. Vivre et survivre sous Staline*, Denoël, 2009.

la guerre grandit à mesure que l'opération militaire se poursuit, alors que les jeunes urbains privilégiés restent « protégés » par les autorités. Ce matin-là, le chauffeur qui m'a conduite au village où habite Valia répète, obstiné, que si les militaires russes le voulaient, ils pourraient terminer cette guerre en trois jours mais que voilà, ils ont décidé de s'abstenir « pour des raisons politiques ». Caressant de sa main droite le tableau de bord de sa vieille Renault Logan, ce retraité veut me convaincre que, dans cette « opération spéciale », la Russie traite l'Ukraine « avec un gant de velours ». Impressionné que l'armée russe soit capable d'anéantir les infrastructures énergétiques de son voisin en moins de trois jours, il rêverait que cette « efficacité » soit démontrée « sur d'autres plans ». Étonné que cela ne soit pas le cas, il garde cependant toute sa confiance en Vladimir Poutine… parce que c'est un homme du FSB ! « Quand on est issu des services de renseignement, on n'a pas à prouver que l'on est fort et intelligent : on est forcément un immense stratège ! » insiste le chauffeur.

Partie marcher dans les bois avec le garde forestier du village, père de six enfants, j'apprends que son fils cadet, employé de banque, refuse la guerre, au grand dam de son père. Que ferait son fils s'il recevait sa convocation ? « Il se cacherait, mais moi je suis pas d'accord, faudrait qu'il y aille. D'ailleurs, moi-même, j'irais si je pouvais ! » répète, bravache, le patriarche chevelu et barbu. « La guerre sert à faire comprendre que, pour aboutir au bien, faut passer par le mal », remâche le garde forestier. « C'est en faisant temporairement le mal que les gens pourront saisir ce qu'est le bien et qu'ils vont ensuite le chérir. Les morts de cette guerre font comprendre aux survivants qu'ils auraient dû vivre complètement différemment ! Bien sûr que leur mort a un sens », tente-t-il de me convaincre, évoquant la disparition du fils de Valia. « Dès que le soutien occidental aux Ukrainiens se tarira, ils se mettront à genoux et se rendront. Parce que, faut pas croire, les Ukrainiens sont peut-être forts tant qu'ils sont avec vous, mais pas tout seuls ! » tempête-t-il, répétant la propagande du Kremlin. Puis il inverse les rôles et se met à me poser des questions insistantes sur la façon dont, en France, traditions, fêtes et plats régionaux sont maintenus, exigeant des exemples concrets. Quand je lui réponds que la majorité de la population française ne me semble pas particulièrement obsédée par le maintien de ces traditions, le garde forestier jubile, car c'est bien là l'ennui en Occident ! « Tu vois, voilà votre problème : non seulement vous vous fichez éperdument de conserver vos coutumes, mais vous voulez entraîner le reste du monde dans cette perdition… Eh ben nous, en Russie, on résiste. Et tant pis si on nous déteste pour ça ! »

Le pacifiste et les zombies

Ceux qui, au village, cachent leur honte de cette guerre sont plus difficiles d'accès que les zélés patriotes, il faut se donner la peine de les chercher. Les convaincre de parler est ardu. Quand, en novembre 2022, j'ai vu Micha, un grand échalas de quarante-huit ans à la barbichette et aux fines lunettes fumées, participer aux travaux de réparation d'une coupole de la cathédrale de la bourgade voisine, sa façon d'évoquer son épouse, gouvernante chez des Russes très fortunés, et d'insister sur le fait que « ces gens-là » ne semblaient pas souffrir des sanctions, m'a fait comprendre que l'opinion de cet ancien élagueur devenu alpiniste en bâtiment différait du consensus général. Après quelques années à Moscou, Micha est revenu s'établir dans son village natal, où il rêve de développer des gîtes écologiques pour touristes, mais la guerre a tout fait voler en éclats. « Le 24 février 2022, l'obsession poutinienne pour le Covid a été remplacée par cette invasion qui s'est transformée en mauvaise histoire de vengeance », accuse, lucide, le pacifiste. « Moi, j'ai pas oublié que dans les années 90, on a reçu de l'aide alimentaire des États-Unis. Mais ici personne ne s'en souvient ! » Les tout premiers jours suivant l'invasion, l'ex-élagueur a cédé à la panique et envisagé de partir en voiture vers la Géorgie ou le Kazakhstan… pour finalement changer d'avis : et si sa famille entière se faisait arrêter à la frontière ? Et s'il était mobilisé de force, qu'adviendrait-il de sa femme et de ses enfants ? Paralysé par l'angoisse, Micha est resté. D'autant que l'irruption de la guerre dans son quotidien lui a fait brusquement comprendre le lourd silence de ses deux grands-pères à propos de leur expérience de la Seconde Guerre mondiale. Ses aïeux ont traversé la « Grande Guerre patriotique », ses parents ont survécu à la dislocation de l'URSS et au banditisme, lui a l'impression de n'avoir rien vécu. « Je n'ai aucune idée de ce qui va se passer. » Un coup militaire ? L'arme nucléaire ? La mort de Poutine ? Une féroce bataille pour le pouvoir ? Micha n'est plus sûr de rien dans son propre pays où il souffre de ne pouvoir s'exprimer librement, redoutant (à raison) les dénonciations. Isolé par ses convictions pacifistes, il doit continuer à vivre entouré de ses voisins « zombies », toutes celles et ceux qui avalent passivement la propagande du Kremlin. Micha a cru sa génération préservée, la guerre a pulvérisé ses certitudes.

La guerre entre la Russie et l'Ukraine gêne la toute-puissance américaine et redéfinit les rapports de force mondiaux

Opulente et désinvolte, Moscou est la capitale la plus peuplée en Europe. Dans cet espace urbain de plus de 10 millions d'habitants, la guerre ne semble pas avoir modifié les habitudes : les Moscovites consomment toute la journée, les cuisines des cafés et restaurants ne s'arrêtent jamais, dans la rue, seuls quelques posters de soldats rappellent l'existence de la guerre, comme cette affiche montrant un soldat debout devant un tank, accompagné de ces mots : « Armée, nous sommes avec toi ! » Au moment de la mobilisation, Sergueï Sobianine, son puissant maire depuis 2010, a redoublé d'efforts discrets pour envoyer le moins de Moscovites possible à la guerre. A-t-il pris ces mesures par conviction ou s'agit-il de calculs purement politiciens ? Nul ne peut répondre avec certitude, mais l'atmosphère de la capitale métamorphosée depuis la Coupe du monde de football 2018 tranche avec celle de la campagne. Par milliers, des places de stationnement ont été remplacées par des trottoirs, des usines désaffectées se sont transformées en centres d'exposition, des parcs ont mué en promenades branchées. Des mois durant, des travaux pharaoniques ont obstrué l'hyper-centre : la ville a été nettoyée de ses fils électriques qui ont été enterrés, des plans de Moscou interactifs expliquent ce qu'il faut visiter à proximité. Striés de jaune et de blanc, des passages piétons ainsi que des emplacements pour vélos électriques et trottinettes ont surgi. De jour, chacun chemine sur des trottoirs élargis. Plus aucun papier ne traîne par terre, y compris dans le métro, où seule la profondeur des escalators et la longueur des couloirs de marbre n'ont pas changé. Même sous terre, les écrans pullulent et chaque siège du métro est équipé de prises pour recharger son appareil. Partout, c'est l'apparence de l'hyper-modernité, de l'ordre et de la propreté. L'ancienne capitale chaotique hérissée de panneaux publicitaires et de kiosques vendant saucisses, rasoirs et préservatifs de jour comme de nuit a laissé place à une mégapole à l'anglo-saxonne, aux terrasses bondées, sans heure limite pour aller dîner, aux caméras de vidéosurveillance à reconnaissance faciale, où chacun peut payer avec son smartphone.

Toute la nuit, la mégapole reste richement illuminée, sillonnée par des taxis et des livreurs à vélo, la plupart originaires d'Asie centrale. Les autorités municipales exigeant que l'hyper-centre soit impeccable, la main-d'œuvre de la ville est pléthorique : elle ne coûte rien et, surtout, elle n'est pas russe ! Des bribes de conversation en ouzbek ou tadjik, que je surprends souvent quand je passe à leurs côtés, s'échappent des écouteurs vissés sur les oreilles de ces travailleurs. Qu'il neige, pleuve ou vente, le soir, ils sont là, bottés, chapeautés, par grappes de deux ou quatre, à balayer consciencieusement trottoirs, caniveaux et perrons d'immeubles. Le matin, ils sont encore là, à faire disparaître la moindre feuille morte tombée sur le bitume, indifférents aux humeurs du vent transformant leur labeur en supplice de Sisyphe.

Revenir observer la vie à Moscou m'aide à prendre conscience que la mue de la société russe dans laquelle j'ai vécu il y a vingt-cinq ans n'était pas « achevée » : elle venait de subir le choc de la dislocation de l'Union soviétique et n'en avait pas encore accusé le coup. Fin 2000, à son arrivée au pouvoir, Vladimir Poutine, inexpérimenté en politique, a insufflé une direction perçue comme « pro-occidentale » parce qu'à ce moment-là, il croyait à l'intégration de son pays à l'Occident. Peu à peu, il a changé d'avis, se convainquant qu'il serait impossible de faire affaire avec cet Occident qui, à ses yeux, ne considérait pas la Russie à la mesure de ce qu'il avait espéré.

Un chauffeur de taxi arménien me raconte que son neveu mobilisé est mort sur le front une semaine après le début des combats. En veut-il à Vladimir Poutine ? Non, au contraire, le chauffeur est fier et le sacrifice de son neveu n'a pas modifié son avis sur son président ! « Poutine tient la dragée haute au reste du monde, et, pour ça, on ne peut que le féliciter », insiste-t-il, exprimant tout haut ce que beaucoup pensent tout bas : la guerre entre la Russie et l'Ukraine gêne la toute-puissance américaine et redéfinit les rapports de force mondiaux. En levant les yeux, je vois un drapeau russe claquer à une fenêtre. Il n'y en avait pas, il y a quinze ans.

« Si on ne gagne pas, on deviendra l'esclave de l'Occident ! »

J'envoie par WhatsApp un message à une directrice de musée que je connais depuis près de trente ans, proposant de nous revoir. Pour ne laisser aucune trace écrite, elle me téléphone. Sa voix grave est hachée, le signal passe mal, prétend-elle. « Les idiots, y en a des deux côtés », l'entends-je dire. « La paix, c'est mieux que la guerre. » « Cet embargo culturel est une connerie. » Pourquoi m'appeler puisqu'elle refuse de me voir ? « Parce que je t'aime », répond-elle hypocritement. Partout, les élites se défaussent et craignent d'être prises en faute. Je suis une journaliste occidentale, donc « hostile ». Aucun de mes interlocuteurs ne souhaite être pris en photo et la plupart exigent d'être cités sous pseudonyme. « Combien de temps faudra-t-il pour que Vladimir Poutine agisse réellement ? Pourquoi diable n'a-t-il pas attaqué plus fort en 2014, quand il aurait été facile de vaincre ? » me confient-ils. Même ceux qui soutiennent la guerre ont peur. De quoi ? « De l'instabilité des années 90, que le pouvoir nous abandonne et laisse place à ce chaos qu'on connaît par cœur », affirme Timour, un Moscovite de trente-deux ans, manutentionnaire dans une grande surface de la capitale, qui a accepté de me parler alors qu'il rentre de sa datcha, à quelques kilomètres de la frontière estonienne. « Les plus extrémistes estiment que l'Ukraine ne devrait pas exister et que son territoire devrait être partagé entre la Pologne, la Russie et la Hongrie », insiste-t-il, répétant ce dont ses voisins, jeunes ou moins jeunes, se sont autoconvaincus : « Les sanctions ? Du moment que le rouble reste plus ou moins stable, elles renforcent l'économie nationale. La baisse des importations ? Pas grave, l'Inde et la Chine achètent notre gaz ! » Si, pour les Ukrainiens, la guerre est défensive, en Russie, beaucoup se refusent à admettre que, depuis le 24 février 2022, leur pays est à l'offensive et ressentent plutôt cette guerre comme « punitive », comme s'ils voulaient sanctionner les Ukrainiens d'avoir voulu vivre indépendamment du « monde russe » et d'aspirer à se débrouiller seuls, sans eux. « Enfin, tout le monde dit ce qu'il pense ! » se félicite Timour, pas vraiment gêné que l'Occident et la Russie s'accusent mutuellement d'hypocrisie. En l'écoutant, je prends conscience que certains ressentent cette guerre comme une « compétition » qui aurait mal tourné. Comme si l'échec de la Russie à devenir un pays démocratique clairement orienté vers l'Ouest l'avait rendue jalouse et mécontente que l'Ukraine, elle, y parvienne ! Comme si, pour empêcher l'Ukraine d'y parvenir, il avait fallu envoyer les militaires ! Je me rends également compte que les Russes se comparent toujours aux Ukrainiens tout en restant persuadés de leur supériorité. À la télévision, à l'église, à l'école, à l'université, dans les milieux de la culture et du sport se déverse une propagande polarisant les esprits, qui clame en permanence haut et fort que si la Russie perd, c'est la fin de la Russie. Des mots qui portent. Outre ce nouveau patriotisme, la guerre a permis à Timour de s'approprier de nouveaux héros, tel Ramzan Kadyrov, le président de la république de Tchétchénie : « Ce type a vraiment gagné la confiance des Russes ! On le lit, on le cite, il a plus d'1 million de followers, c'est très impressionnant ! » Le jeune homme porte également aux nues Evgueni Prigojine, ce proche de Vladimir Poutine décédé à l'été 2023, qui dirigeait la milice Wagner [1] : « C'est grâce à ce genre de troupes privées qu'on gagnera, pas grâce à notre armée, il faut légaliser Wagner de toute urgence ! » est convaincu Timour. Enfin, il est persuadé que la situation de son pays est aujourd'hui pire qu'à la dislocation de l'URSS : « À l'époque, le chaos avait finalement mené à la croissance. Mais nous, on a quoi comme horizon ? L'incertitude ! Cette guerre est notre nouvelle réalité ! » affirme-t-il, désabusé. Pour savoir pourquoi les Russes soutiennent la guerre, il faut le leur demander. Ils répondent à la question ; du moins, ils essaient. Tous mes interlocuteurs expliquent comment la propagande du Kremlin a pris le dessus : les médias d'État offrent une caisse de résonance à leurs angoisses tout en les confortant dans leurs convictions, alors que les médias d'opposition n'informent que sur des thèmes qui fâchent, la fraude électorale, le niveau de corruption dans la société ou la mentalité de la police. Or, personne n'aime entendre parler que du négatif ! *A contrario*, les médias d'État s'arrogent un rôle positif : ils servent de machine à réconforter !

---

1. Le 23 août 2023, Evgueni Prigojine est mort dans ce qui a officiellement été présenté par les autorités comme un « accident » d'avion.

« Vous vous êtes trompés sur notre compte : vous avez cru que notre engouement pour votre mode de vie signifiait que nous étions devenus pro-Occident ! »

Une des clés pour saisir le lien de la population russe avec le conflit en cours est son rapport aux années d'avant la dislocation soviétique : une majorité évoque ces décennies d'empire avec horreur, quand d'autres, moins nombreux, les regrettent. Quelle que soit son opinion par rapport à la guerre, pas un citoyen russe vivant en Russie ne peut trouver la situation actuelle « agréable », selon les mots de Vladimir Poutine [1].

C'est le cas de Pétia, né pile au moment de la dislocation de l'URSS. Historien de formation, le jeune homme en baskets fluo, qui ressemble à un pope aux traits angéliques, dirige une galerie municipale qu'il qualifie de « maison des pionniers des temps modernes », où toutes les « œuvres » exposées sont à vendre. D'un phrasé traînant, il s'adresse à moi comme si j'étais une enfant : au moment de la mobilisation, la plupart de ses amis ont quitté le pays, ce qui l'a ulcéré : « Si tu détestes la Russie au point de la fuir, comment

1. « Ça n'est pas agréable, ce qui se passe maintenant », a dit Poutine le 14 octobre 2022 après un sommet régional à Astana, au Kazakhstan, préférant utiliser le pronom démonstratif « ça » pour ne pas nommer l'« opération militaire spéciale » et encore moins la « guerre ».

t'as pu accepter qu'elle te paie pendant si longtemps ? » Même s'ils restent ses amis, Pétia a prévenu ceux qui rentreraient qu'il ne les aiderait pas à leur retour ; sous-entendu : ils n'avaient qu'à pas partir. Il soutient les « sages décisions » de l'État, qui, comme sous l'URSS qu'il n'a pas connue, aide financièrement les artistes adoptant des positions proches du pouvoir. Vladimir Poutine n'est pas à ses yeux « un dictateur sanguinaire » mais un dirigeant qui « mesure ses actions », ne « met pas le paquet » en Ukraine et, surtout, « reconstruit, alors que ses prédécesseurs au sommet du pouvoir ont tout détruit ». Pétia se refuse à nommer l'opération spéciale une guerre : « La guerre, ça serait si on bombardait tout en Ukraine. Notre but n'est pas de détruire Kiev, sinon on l'aurait fait, bien sûr », assure-t-il. Il trouve néanmoins ce qui se passe maintenant assez inexplicable : « Où va-t-on ? Quel est notre but ? » hésite-t-il de sa voix douce en mâchonnant un cure-dent.

Face à moi, dans son bureau du centre de la capitale, Natalia Narotchnitskaïa, une intellectuelle patriote ultra-nationaliste [1] de soixante-quinze ans, est encore plus péremptoire : « Avec ses ressources, la Russie peut vivre mille ans sans avoir froid ! Notre souhait est simple, on veut continuer à vivre dans les mêmes conditions matérielles qu'en Occident tout en conservant les valeurs morales qui nous ont portés. Au fond, l'idéologie libérale

1. Députée de la Douma entre 2003 et 2007.

n'a jamais vraiment plu au peuple russe. Vous vous êtes trompés sur notre compte : vous avez cru que notre engouement pour votre mode de vie signifiait que nous étions devenus pro-Occident ! » m'assène l'ex-députée, qui a travaillé aux Nations unies et longtemps bénéficié d'un bureau de représentation à Paris. Je lui demande pourquoi Vladimir Poutine n'a pas déclaré cette guerre plus tôt : « En 2014, ni nos élites, ni notre armée, ni notre opinion publique n'étaient prêtes. Aujourd'hui, nous le sommes », croit savoir l'universitaire, filant même une métaphore médicale : « L'abcès était devenu trop gros, il fallait le crever grâce à une opération chirurgicale. » Elle se rengorge : fin 1991, elle était la seule, en tout cas la seule femme, à oser prédire publiquement que la chute de l'empire n'irait pas de soi et que la « trahison » viendrait de l'Ukraine, cette « nation la plus proche de nous, avec laquelle il aurait fallu constituer un seul État pour éviter ce qui se passe en ce moment ».

Même si elle la juge négativement, l'Europe reste « chère » à Natalia Narotchnitskaïa : « Cette guerre met en avant la confrontation entre deux interprétations de la civilisation postmoderne : l'occidentale, où toute moralité a disparu, et la russe, la seule alternative. » Dans son esprit, c'est l'Occident qui enferme la Russie et non la Russie qui se referme elle-même ! La politologue est une des rares femmes à participer aux talk-shows propagandistes quotidiens sur les chaînes d'État, dont les plateaux sont majoritairement masculins. Elle raconte que lorsqu'elle va acheter sa viande au marché, des commerçants qui la reconnaissent lui demandent pourquoi « on ne frappe pas directement Washington », un argument qui lui permet d'affirmer que la victoire est la seule solution. « Si on ne gagne pas, on deviendra l'esclave de l'Occident », une humiliation inenvisageable. Si je rapporte les propos de Natalia Narotchnitskaïa, c'est que de nombreux Russes issus du peuple ou des élites y souscrivent. Cette Russie existe et les arguments qu'elle avance, fallacieux ou non, contribuent à sceller l'unité et le soutien à l'invasion.

« Si Staline était vivant, la guerre avec l'Ukraine n'aurait pas eu lieu »

Ioulia, cinquante et un ans, est une femme d'affaires qui a longtemps accordé sa voix à Vladimir Poutine, a voté « contre tous » quand cela était possible, puis de nouveau Poutine, par résignation. Avant la guerre, Ioulia avait loué des forêts, acheté des scieries, des mines de charbon, transformé du plastique en énergie verte, exporté du charbon à barbecue, jusqu'à ce que les sanctions rendent son entreprise moins rentable, puis plus rentable du tout, faute de débouchés. « Mon prix de vente est inférieur à mon prix de production ! Le pays est devenu fou », reconnaît-elle avec colère tout en se félicitant de posséder quatre appartements dans le centre de Moscou achetés dans les années 90 avec les sommes astronomiques gagnées dans l'informatique. Pour l'heure, installée dans les combles de son impressionnant penthouse de 300 m^2 qu'il lui est arrivé de louer 30 000 euros par mois à des directeurs d'entreprises occidentales en poste à Moscou, Ioulia aime entonner à tue-tête les airs les plus connus de *La Dame de pique* [1], boire de l'eau, courir quelle que soit la météo et piquer chaque jour une tête dans l'étang de sa résidence. Les riches Occidentaux ayant quitté la capitale, les locataires de son penthouse sont des Russes. Ioulia, qui a vécu plusieurs années aux États-Unis dont elle détient aussi la nationalité, a lu assidûment le philosophe nationaliste Alexandre Douguine, dont la fille a été tuée lors d'un attentat [2]. Réticente à évoquer la guerre, qui l'exaspère, Ioulia ne pense qu'à ses affaires et à son épanouissement personnel : à sa demande, un de ses associés a installé dans le cagibi derrière sa cuisine dix disques durs de dix térabits chacun sur lesquels est gravée l'intégralité des films soviétiques des dix dernières décennies, ainsi que tous les opéras et la musique classique russes des siècles derniers. La future retraitée a l'intention de tous les regarder et les écouter. Un calendrier de l'année en cours à l'effigie de Staline est punaisé

1. Opéra en trois actes de Tchaïkovski d'après Pouchkine.
2. L'attentat qui a coûté la vie à Daria Douguina près de Moscou s'est produit le 20 août 2022.

sur un coin de mur de sa cuisine. Quand je lui en fais la remarque, elle hausse les épaules : « Nul mieux que Staline n'a transformé notre pays en puissance nucléaire. Il a même personnifié la seule, la vraie alternative à l'anticapitalisme. Pour moi, Staline reste le plus grand. » Et les millions de morts victimes de sa politique ? « Il n'avait pas le choix : des bandits avaient concocté la révolution de 1917, lui nous a sauvés ! » assène-t-elle. « Ce que Staline a fait pour le bien de notre pays en une décennie pendant la guerre, c'est complètement dingue, il faudrait lui ériger une statue dans chaque village ! » insiste même la femme d'affaires alors que sa famille, juive, a souffert des purges. Mais, comme une immense part de la population russe, Ioulia réhabilite Staline et s'est même persuadée que s'il était vivant, la guerre avec l'Ukraine n'aurait pas eu lieu.

Quant à Vladimir Poutine, « c'est un voyou qui n'a pas le droit de faire ce qu'il fait à l'Ukraine. Mais l'Occident aide l'Ukraine, donc eux aussi sont des bandits ! Pourquoi avez-vous été vous mêler de ça ? me prend-elle à partie. Du coup, l'Iran a bien le droit d'aider la Russie ! » Maximaliste, Ioulia ne mâche pas ses mots : sa crainte ultime est que l'État la prive de ses propriétés privées. Je reconnais là le rapport ambigu du peuple russe à son chef : on attend de lui le meilleur, mais la possibilité du pire n'étonne personne ! Comme beaucoup de sa génération, Ioulia laisse éclater son émotion en se remémorant le système soviétique : « Après une adolescence aux États-Unis, je suis revenue vivre ici pour jouir de ce système, celui de la justice. » Face à ma perplexité, elle tente une explication : « Quand ta mère meurt, tu vas lui rendre hommage sur sa tombe... Ben pour moi, revenir vivre en Russie, c'est rendre hommage à un système qui a fait ses preuves et qui m'est cher ! » Revenue à Moscou dans le chaos post-soviétique, Ioulia idéalise le défunt système et oublie qu'elle a largement profité de ce chaos pour ses affaires ! Excédée par mes questions, elle finit par avouer ne pas avoir souhaité cette guerre, ne plus pouvoir en dormir, souffrir pour ceux qui combattent, mais rejoindre son président dans la conviction que l'Occident veut détruire la Russie et que les Ukrainiens sont des Russes – enfin, des Slaves.

« Ici, on a tout, on peut tout consommer. Pourquoi diable aurait-on besoin de la démocratie ? »

Quand l'antenne moscovite de son institut a été liquidée avant l'été 2022, Andreï Kolesnikov, cinquante ans, chercheur russe de la Fondation américaine Carnegie pour la paix, s'est retrouvé au chômage. « C'est vraiment dur de conserver des relations amicales avec ceux qui ne sont pas de ton bord », avoue-t-il, l'air las, devant un double whisky. En décembre 2022, Andreï a reçu des autorités l'infâmant statut d'« agent de l'étranger », mais il a décidé de rester vivre à Moscou. « Tant que l'accusation ne provoque pas un engrenage d'infractions pénales, c'est vivable. Par contre, une fois dans le collimateur de la justice, c'est la fin », soupire le politiste, faisant allusion à la fermeture progressive de l'organisation de défense des droits de l'homme Memorial, liquidée en décembre 2021. Depuis plus de trente ans, cette organisation non gouvernementale avait documenté les crimes du stalinisme, ceux-là mêmes qui n'ont pas l'air d'embarrasser Ioulia. Mais surtout, Andreï regrette qu'en Russie, et de façon encore plus évidente avec cette guerre, les valeurs démocratiques soient devenues superflues : « La plupart de mes concitoyens estiment qu'ici on a tout, puisque effectivement on peut tout consommer. Dans ce cas, ajoutent-ils, cyniques, pourquoi diable aurait-on besoin de la démocratie ? »

Le chercheur récuse la distinction entre les « bons Russes », qui ont quitté le pays, une « auto-épuration naturelle » salutaire selon Vladimir Poutine, et les « mauvais Russes », qui sont restés [1]. Car rester n'est pas

1. Dans son allocution du 16 mars 2022 lors d'une réunion gouvernementale, Vladimir Poutine opère cette distinction : « Tout le peuple, en particulier le peuple russe, est capable de distinguer les vrais patriotes des salopards et des traîtres, et les recracher tout simplement, comme on recrache un moucheron qui s'est accidentellement glissé dans la bouche. Je suis convaincu que cette auto-épuration naturelle et nécessaire de la société ne fera que renforcer notre pays, notre solidarité, notre cohésion et notre capacité à relever tous les défis. »

un choix facile : « C'est à devenir fou : je suis sous pression des autorités, de mes amis, de ma famille, bref de tout le monde. » L'incident qui pourrait conduire au départ obsède tous ceux qui ne sont pas partis.

Kirill, quarante-sept ans, est un architecte réputé dont les bureaux sont situés à deux jets de pierre du Kremlin : « Même si ceux qui nous gouvernent sont des voleurs, en deux ans à peine, Moscou a embelli ! » s'exclame-t-il. Kirill reconnaît que la guerre n'est pas « visible » dans les rues de la capitale mais le conflit est devenu un sujet de préoccupation omniprésent dans les conversations. « Le coronavirus avait instillé un sentiment d'anxiété alors que la Russie n'était pas encore traitée en paria ; aujourd'hui, c'est bien pire. » Préoccupé par cette mise au ban de son pays, l'architecte anti-guerre reste fier d'être russe. « L'Occident n'a pas compris que sa haine envers nous est en train de nous unir ! Nous ostraciser provoquera l'effet inverse : ça attisera encore plus les tensions ! » Comme Pétia le galeriste, il est convaincu que la plupart de ceux qui sont partis finiront par revenir après avoir saisi qu'il est possible de continuer à vivre et de travailler « normalement » en Russie. Depuis le début de la guerre, Kirill n'a pas perdu un client. Il dit même en avoir gagné grâce à la fuite de certains concurrents étrangers. « Il m'a fallu vingt ans pour construire ce business ! Rien ne pourrait me faire changer d'avis… sauf si des tanks se mettaient à circuler sous mes fenêtres », conclut-il, mi-sérieux mi-amusé.

« Ils sont en train de faire aux Ukrainiens ce qu'ils nous feraient en pire s'ils le pouvaient… »

À 8 heures, l'heure d'ouverture du café où je prends mon petit-déjeuner dans le centre de Moscou, quatre jeunes femmes commandent une bouteille de mousseux dont le serveur fait sauter le bouchon. Toutes ont les bras chargés de cartons siglés des griffes des magasins où elles viennent (si tôt !) de dépenser leur argent. L'une d'elles dépose avec précaution son sac sur un minuscule tabouret en bois proposé avec déférence par le serveur pour éviter que la besace Vuitton ne touche le sol. Malgré l'heure matinale, les quatre amies sont apprêtées, dûment manucurées, leurs cheveux savamment brushés. Sitôt leurs plats arrivés, elles dégainent leur téléphone, haussent le menton, cherchent le meilleur cadrage pour immortaliser l'assiette sur Instagram avant de la dévorer. Une serveuse qui sait que je suis journaliste vient me demander si « le chaos règne bien en Europe comme on nous le montre ici à la télé ». Ce n'est pas la première fois qu'on me pose la question, signe que, tout de même, les Russes doutent. J'essaie de répondre avec pédagogie.

Un chauffeur de taxi tadjik émigré dans la capitale russe me raconte que, grâce à l'argent qu'il a gagné ici, il se bâtit une vaste maison dans son pays. Sur place, il gagnerait beaucoup moins, c'est pourquoi il accepte le sacrifice de vivre à cinq par chambre dans un deux-pièces de la lointaine banlieue où ses colocataires, tous des hommes, sont manœuvres sur des chantiers. La guerre en Ukraine touche peu cette main-d'œuvre venue d'Asie centrale. Haussant les épaules, il en questionne certes le bien-fondé mais, surtout, refuse de se laisser enrôler pour le front alors que les autorités russes s'escriment à mobiliser les immigrés comme lui, promettant en échange une plus grande célérité dans le traitement de leurs permis de séjour, voire une naturalisation expresse ! C'est le monde à l'envers. Pendant des décennies, ces migrants se sont sentis comme des citoyens de troisième zone et voilà que cette guerre leur offre un « privilège » : le passeport étranger de ces chauffeurs de taxi kirghizes, ouzbeks ou tadjiks leur évite le pire ! « Ils sont en train de faire aux Ukrainiens ce qu'ils nous feraient en pire s'ils le pouvaient », glisse le jeune Tadjik au volant de son taxi.

En sortant d'une séance de cinéma au GOUM, le grand magasin de la place Rouge, j'observe la foule dense et jeune se promener joyeusement dans la douceur nocturne de novembre. Quand je résidais à Moscou, pénétrer sur cette place n'était pas un acte désinvolte : il était interdit d'y fumer, le mausolée de Lénine était strictement gardé, on devait bien se tenir.

Aujourd'hui les deux soldats en faction ont laissé place à deux policiers rigolards. En prévision des festivités du Nouvel An, une partie de la place est inaccessible : derrière les hautes grilles qui enserrent l'espace en travaux, des ouvriers au faciès de l'Asie centrale (toujours les mêmes !) triment jour et nuit pour que les Russes se divertissent devant le tombeau du créateur de l'Union soviétique. Si l'impression d'ordre n'est plus aussi nette, la proximité des murailles rouges du Kremlin, le mausolée de marbre et le gigantesque drapeau tricolore claquant au vent figent la solennité des lieux.

En marchant au diapason de cette foule au pied du Kremlin, je comprends qu'en Russie, le pouvoir est encore bien en place. Je comprends aussi que, pour sa population, le président russe apparaît comme l'ultime sage, celui qui a su replacer son pays au centre du monde et compris l'intérêt de défendre les valeurs « éternelles » bafouées par les « fourbes » Européens. Jusqu'à ce que le sage « immortel » finisse par disparaître.

« On nous dit que tout va s'arranger mais ça semble difficile… »

Convaincus que leur voix contre la guerre porte davantage à l'intérieur de la Russie qu'à l'extérieur,

Kolia et Kostia, un couple de quadragénaires homosexuel, ont, eux aussi, décidé de rester malgré leur opposition à la guerre. Au quatorzième étage d'un bel immeuble du centre, deux chiens de traîneau, un chat siamois et un serpent accueillent les invités. « Personne ne nous attend en Europe, où on aime de moins en moins les Russes », admet lucidement Kolia, quarante-cinq ans, qui occupe un poste important à la Banque centrale, une institution censée rester en dehors de toute politique. « Dès 2014, j'avais senti que je ne pourrais plus jamais me rendre à Kiev, uniquement parce que je suis russe, regrette-t-il. On nous dit que tout va s'arranger, mais là, ça semble difficile... Il existe, dans notre pays, une vision du monde très éloignée de la nôtre et il nous faut vivre avec ! En fait, c'est comme si on nous avait volé notre vie... » À cause de la guerre, le cercle d'amis du couple s'est restreint sur les réseaux sociaux et dans la vie réelle. Au premier jour de l'invasion, Kolia a rédigé un post sur sa page Facebook [1] dans lequel il avoue avoir honte de ce que son pays fait en Ukraine. « Les réactions n'ont pas tardé et j'ai pu découvrir le vrai visage de certains que je croyais être des amis », grimace-t-il, encore choqué. « En fait, cette guerre nous aide à faire le tri », ajoute avec tristesse son compagnon, employé dans un restaurant. « Depuis, explique Kolia, je choisis chacun de mes mots et même si je meurs

1. Interdit en Russie mais accessible grâce à un VPN.

d'envie de poster des caricatures de notre président, je me retiens. » Si Kostia admet ne jamais regarder la télévision, sauf pour ses séries préférées, Kolia, lui, avoue ne pouvoir s'en empêcher de temps en temps afin de « prendre le pouls de la propagande ». Depuis le 24 février, tous deux ont du mal à « débrancher » des actualités : Kolia n'y parvient que lorsqu'il promène les chiens deux fois par jour, Kostia ne fait même pas l'effort. Ils savent que la plupart de leurs congénères se protègent en refusant de voir la réalité et donc de réfléchir, mais eux font courageusement face à ce drame au prix d'un certain isolement et d'une dégradation de leur santé mentale. Kolia et Kostia vivent sous le même toit depuis près de vingt ans et sont habitués à ne jamais afficher leur homosexualité ni à leur travail, ni ailleurs en public. Aujourd'hui, ils redoutent le retour de la pénalisation de l'homosexualité comme pendant l'ère soviétique. Il existe un danger que les lois homophobes deviennent encore plus strictes [1]. « Si c'était le cas, on vendrait cet appartement et on fuirait en espérant que les frontières soient encore ouvertes..., suppute Kolia, pas vraiment rassuré. Mais comment pourrais-je regarder les Européens en face si je partageais leur vie tranquille en Europe ? » s'angoisse-t-il tout en vapotant.

1. C'est envisageable depuis le vote en première lecture, le 27 octobre 2022, d'amendements à la loi de 2013 qui interdit la « propagande LGBT auprès des enfants ».

Tous deux se sentent profondément honteux et responsables.

L'invasion a aussi modifié l'opinion de Nadia, trente-neuf ans, à la tête du département marketing d'une agence de communication, dont le fils va fêter ses dix-huit ans. Pour le sauver de la conscription, Nadia veut l'envoyer à l'étranger. « Mon gamin a grandi dans un monde qu'il pensait plein de possibilités, il ne reconnaît aucune autorité et se fiche de la politique. Comment vais-je le préserver ? Ici, tout peut arriver ! » Traumatisée par les mauvaises relations entre l'Ukraine et la Russie depuis 2014, par solidarité avec les Ukrainiens Nadia refuse de se rendre en Crimée depuis son annexion et s'efforce de décliner tout projet impliquant des clients liés à l'État, une posture quasi intenable. « J'appartiens à la classe moyenne qui vit correctement sans être riche. La plupart de mes amis estiment qu'ils doivent leur vie confortable au régime de Poutine. Ils sont tous paniqués à l'idée qu'il ne soit plus notre président ! » Après des journées de recherches et de tergiversations, la jeune femme a décidé d'envoyer son fils vivre en Espagne, accompagné les premiers temps par un couple de ses amis dont il partagera le toit. Les frais sont considérables, mais Nadia se « sacrifie » : elle reste en Russie pour conserver l'emploi qui finance l'avenir de son fils hors de Russie. « À l'âge qu'il a, je dois me préparer à la séparation, se raisonne la jeune femme. Mais je ne pourrais pas continuer à vivre tranquillement si mon fils unique n'était pas en sécurité. » Mère et fils n'ont soufflé mot de leur projet à personne, Nadia ne faisant confiance à aucun de ses collègues. Elle a même interdit à son fils de révéler leurs plans à sa petite amie dont le père est policier !

Les jeunes qui osent s'exprimer publiquement contre le régime de Vladimir Poutine paient un prix plus cher que leurs prédécesseurs

Le 10 août 2019, 50 000 personnes, avant tout des jeunes, descendaient dans les rues de Moscou pour exiger des élections « justes » au parlement municipal ainsi que la libération des activistes arrêtés lors de précédents mouvements de protestation. Les faits sont là : en Russie, les jeunes qui osent s'exprimer publiquement contre le régime de Vladimir Poutine paient un prix plus cher que leurs prédécesseurs. Lors des manifestations du 27 juillet, du 3 août et du 10 août 2022, plus de 2 700 personnes ont été arrêtées, dont plus d'une douzaine ont fait face à des accusations d'« émeutes de masse », ce qui ne s'était pas produit aussi rapidement après les manifestations monstres dites « de la Bolotnaïa » en décembre 2011 et mai 2012, contre l'investiture au Kremlin de Vladimir Poutine qui venait de gagner l'élection présidentielle pour la troisième fois. Mais ces perquisitions et condamnations à des peines administratives ne les empêchent pas de mettre en doute le discours de Vladimir Poutine. Ils forment le segment de la population la plus éloignée du président russe, sont le groupe d'âge qui aspire le plus à la fin de son règne tout en n'étant pas (encore) aux manettes du pouvoir. « Poutine est un criminel et les Russes sont fautifs de ne pas être sortis dans la rue avant et de se taire ! Nous, les jeunes, on est contre cette guerre ! » m'a avoué sans aucune crainte Artiom, dix-huit ans, le fils d'une de mes sources à Tomsk, en Sibérie. « Volodymyr Zelensky est un héros et tout le peuple ukrainien est héroïque ! Au moins, lui ne reste pas dans son bunker comme les commandants en chef de l'armée russe ! Tolstoï a écrit que toutes les guerres menées par la Russie en dehors de son territoire étaient vouées à l'échec, donc voilà comment ça va se terminer : ça sera un échec militaire total, on devra rendre la Crimée et le Donbass et nous les jeunes on paiera le prix de cette politique ratée de Poutine ! » Une telle clarté de propos est rarement entendue dans la bouche de Russes plus âgés. Moins emphatique, mais tout aussi inédit, le point de vue de son jumeau Ilya, lecteur de l'écrivaine Anna Akhmatova, souligne la nécessité de débattre, exactement ce que les autorités redoutent et réprouvent : « Tous les Allemands qui sont restés vivre en Allemagne nazie n'étaient pas pro-Hitler ! Ben c'est la même chose pour nous… », insiste Ilya, racontant que son professeur d'histoire au lycée leur avait donné la parole sur ce sujet : « En classe, il y avait des pro-guerre, d'autres contre, et on devait débattre. Non seulement ceux qui soutenaient la guerre étaient en minorité, mais, en plus, ils n'arrivaient pas à argumenter leur point de vue, ils n'étaient vraiment pas à l'aise ! » partage-t-il avec plaisir. « On a fini par comprendre que ceux qui soutenaient cette guerre ne faisaient que répéter ce que disent leurs parents policiers, fonctionnaires et autres serviteurs de l'État, mais on a réussi à les faire douter ! » se félicite-t-il. Les jumeaux sont en âge de faire leur service militaire mais leur inscription à l'université les a épargnés.

Qu'est-ce que l'opinion publique sous un régime qui n'est pas démocratique ? Peut-elle « objectivement » exister ? En temps de paix, en Russie, mais aussi en France ou aux États-Unis, de très nombreuses personnes n'ont aucun avis sur des sujets politiques qui ne les touchent pas. C'est leur droit. Sous un régime autoritaire, qui plus est en temps de guerre, on entend avant tout les points de vue qui soutiennent artificiellement la doxa et ceux qui n'ont pas d'opinion suivent docilement la majorité. D'où le soutien aux déclarations du gouvernement [1], qui paraît indéfectible. Dans les sondages d'opinion, personne n'ose demander directement : « Soutenez-vous cette guerre ? » La formule se rapproche plutôt de : « Soutenez-vous les forces armées

1. Cf. Françoise Thom, « Comment les "turbo-patriotes" russes s'en prennent à Poutine », *Le Monde*, 28 octobre 2022.

de votre pays ? » et elle incite à répondre par la positive. La dernière chose que souhaitent les Russes est justement une guerre avec un voisin, mais puisqu'elle a lieu, beaucoup, aujourd'hui, consolident le pouvoir dans leurs réponses, affirment qu'il faut gagner, même s'ils étaient contre au départ. Connue des sondeurs, cette attitude s'appelle la « consolidation défensive ».

S'il exprime publiquement quelque chose que ne pense pas le groupe, le citoyen russe redoute les punitions et l'isolement social, et plus prosaïquement le licenciement. En dix ans de répression, plus personne n'ose descendre dans la rue tant les conséquences pénales sont lourdes. Cette guerre force les Russes à se poser des questions sur leur identité, or, qui aime être contraint à se poser ce genre de questions et, surtout, à y répondre ? La société russe n'est pas passive, elle est morte de peur.

Chapitre III

En Ukraine

« Pour survivre, on n’a pas besoin
de grand-chose : un couteau pour partager
la nourriture avec son voisin, mais surtout
des missiles Javelin
et des tanks ! »

Coupe de champagne à la main, dans un café bondé de Lviv, Solomia, vingt et un ans, célèbre sa première embauche dans une start-up informatique avec trois copines. Dans vingt minutes, c'est le couvre-feu et, malgré la joie, les visages restent sombres. Je leur demande si elles boivent du champagne français : « Espérons surtout que ce ne soit pas du champagne russe ! » s'amusent-elles. Depuis le 24 février, toutes quatre ont découvert l'incertitude du monde des adultes et la fragilité de la vie dans un pays chamboulé. Depuis que l'Ukraine a été envahie, la vie de ces jeunes filles s'est transformée en une expérience à la fois excitante et glaçante : les événements les poussent à se poser des questions inédites sur le fonctionnement des médias, l'utilité des réseaux sociaux et le temps, qui ne s'écoule plus de la même façon. Découvrant les guerres antérieures menées par la Russie en Tchétchénie ou en Géorgie, des pays dont elles n'avaient jamais vraiment entendu parler, les quatre amies comparent ces guerres à la « leur », apprennent l'histoire de leur voisin polonais et ses rapports complexes avec l'Ukraine et se rendent compte que la Russie est non seulement un pays « embarrassant » mais aussi « monstrueux ». Elles découvrent également le supplice du temps qui, à l'arrière, passe si lentement et provoque une angoisse différente, moins violente mais plus insidieuse que chez ceux vivant près du front. En sécurité dans une zone éloignée des combats, comment saisir la gravité de ce qui se passe dans le reste du pays ? Comment appréhender le niveau de dislocation ou d'unité de sa patrie ? Chacune prend conscience du drame à sa façon, mais toutes ont grandi d'un coup, comme si cette guerre leur avait volé jeunesse et insouciance. À leur demande, j'évoque la guerre de Tchétchénie dont elles ne voulaient rien savoir auparavant. Elles ouvrent des yeux ronds en saisissant les similitudes, secouent la tête en comprenant que les Tchétchènes ont été vaincus par l'armée russe dans l'indifférence des Européens et du monde, et se sentent brusquement proches de ces Caucasiens souvent passés par l'Ukraine avant de rejoindre la Pologne, membre de l'Union européenne.

Solomia avoue réprouver l'attitude de ses parents qui refusent de descendre à l'abri lorsque les sirènes hurlent ; tout juste consentent-ils à se tenir quelques minutes dans le corridor pour respecter la règle des deux murs séparant de l'extérieur, puis reviennent vaquer à leurs occupations. La jeune femme voudrait se convaincre que c'est une question de génération : « Je suis beaucoup plus anxieuse qu'eux. » Toutes quatre découvrent la signification du mot « allié », le cynisme de la géopolitique et des relations internationales et, surtout, l'obsession pour le confort et la tranquillité des pays de l'Union européenne, qui, quelques mois après l'invasion de 2022, rechignent encore à cesser de s'approvisionner en gaz russe.

Alors qu'elles se croyaient parfaitement intégrées dans la jeunesse européenne, les jeunes femmes découvrent qu'à ce moment précis en Europe, elles sont seules à vivre ce trauma. L'aide arrive mais « on aimerait autre chose », juge Solomia. Quoi ? De l'empathie. « Véritable, profonde, pas téléguidée par les médias ou instrumentalisée par des dirigeants politiques. » L'irruption dans leur ville paisible de milliers de visiteurs étrangers, journalistes, humanitaires et militaires leur donne le tournis. « On ne sait pas qui est qui, mais on sait une chose : on est maintenant au centre du monde. Pas pour de bonnes raisons, mais tant pis. Au moins, maintenant, le monde entier connaît l'existence de l'Ukraine, notre patrie ! » se félicitent-elles en se coupant la parole.

Ici, des centaines de milliers de vies tapies dans la nuit vibrent à l'unisson

« *Being afraid is what gives a meaning to our existence in the West* [1] », lâche un humanitaire italien d'une ONG

1. « En Occident, avoir peur donne un sens à l'existence ! »

de Florence en tirant frénétiquement sur sa clope, à 7 heures du matin, sur le seuil de l'auberge de jeunesse des PTT polonais, le seul endroit où il reste encore des places pour passer la nuit à Przemyśl, la dernière bourgade polonaise à la frontière occidentale de l'Ukraine.

La gare de Przemyśl est le point névralgique pour tous ceux qui partent pour l'Ukraine, mais elle est aussi un centre important pour ceux qui en arrivent par centaines. Dans son hall venté se pressent des volontaires de l'organisation Caritas affublés de gilets sans manches fluorescents, des représentants des forces de l'ordre plutôt débonnaires, des réfugiés de tous âges, yeux cernés et mines blafardes, leurs enfants sur les bras ou dans les jambes, piétinant dans des queues interminables, et, surtout, des représentants des médias du monde entier, notamment une équipe de la chaîne de télévision américaine NBC. À mon passage, la journaliste américaine débute un direct et, dès ses premiers mots, le ballet de ceux qui l'entourent se met en branle : perche au ras du sol, le preneur de son se concentre pour ne pas tomber ; tout de noir vêtu, jusqu'au masque hygiénique qu'il porte haut sur le nez, bras croisés, mine fermée, le producteur se tient immobile ; un agent de sécurité balaie du regard l'espace ; campé sur ses deux jambes, indifférent à tout sauf à ce qu'il filme, le caméraman serre sa caméra à l'épaule. Au centre de cette ronde, la journaliste parle d'une voix nasale avec grandiloquence, la voilà même qui ouvre son bras droit vers l'arrière et désigne les anonymes formant une masse dans son dos. En la regardant, je me dis que le téléspectateur affalé derrière son écran, disons dans le Kentucky, ne pourra jamais vraiment comprendre la souffrance de ces réfugiés trop nombreux, trop anonymes, trop loin, là-bas, en Europe.

J'arrive en Ukraine par la route après avoir traversé la frontière à pied. « Gloire au jour de l'indépendance ukrainienne [1] ! » proclament des panneaux. Les coupoles des églises, certaines ceintes d'échafaudages, sont toutes flamboyantes. Sur un abribus en pleine campagne, deux drapeaux flottent : celui, jaune et bleu, de l'Ukraine et celui, rouge et noir, de Secteur droit, le parti politique d'extrême droite, que j'apercevrai encore dans la grande banlieue de Lviv, à côté de celui, bleu étoilé, de l'Union européenne. Hormis quelques pare-brise arrière de voitures sur lesquels on peut lire : « Navire de guerre russe, va te faire f… ! », en référence à la phrase mythique lancée par un garde-frontière ukrainien à un militaire russe qui lui avait enjoint de se rendre par radio, le 24 février 2022, sur l'île aux Serpents, en mer Noire, rien ne montre que le pays est en guerre.

À une vingtaine de kilomètres de Lviv, la route est si cabossée qu'il faut rouler au pas sur le bas-côté. En ville,

1. 24 août 1991.

des panneaux glorifiant l'Ukraine avec, en grand, le nom de l'entreprise qui finance l'affiche. Chacun étale publiquement son soutien. À cause du couvre-feu, les magasins ferment plus tôt et les restaurants et hôtels fonctionnent au gré des décisions de leurs propriétaires, sans doute pas mécontents que ce malheur fasse affluer une telle foule dans leur ville. À chacun de mes terrains, je savoure ces longs voyages de l'arrière vers l'avant qui m'aident à comprendre la psyché, les angoisses, le réel d'un pays en train de muer de la paix vers la guerre.

Le lendemain, dans le train quasi vide qui m'emmène de Lviv vers Kiev, personne n'a la moindre idée de la durée du trajet. C'est déjà une chance que les trains fonctionnent et l'on sait le rôle clé qu'ils jouent dans ce conflit [1]. Le convoi ferré évolue par à-coups et quand il s'arrête, on ne sait pas pourquoi et, surtout, on ne se pose même plus la question. Jeunes ou vieux, les passagers sont en majorité des femmes, mais il y a aussi de jeunes hommes qui n'ont pas été mobilisés et de nombreux enfants. Les mines sont graves, personne ne semble plus posséder de joie ni d'élan.

Ira, la cinquantaine, retourne chez elle, dans les faubourgs de la capitale, après un mois passé en Pologne accompagnée de sa fille et de son gendre. Accoudées

1. Cf. Florence Aubenas, « Comment l'Ukraine mène la bataille du rail : "Nos chars entrent les premiers, nos trains ensuite." », *Le Monde*, 30 décembre 2022.

contre les fenêtres dans le couloir, nous devisons en russe. L'air festif que lui donnent ses faux ongles pailletés de violet m'emplit de joie : la guerre gronde mais Ira estime important que ses ongles brillent. Des voisins ont surveillé son appartement pendant qu'elle était en Pologne. Elle se souvient des paroles d'un de ses amis rentré du front du Donbass, quelques mois avant l'invasion. Il avait prédit cette nouvelle guerre et était même allé voir son député local pour lui en parler. « On ne s'en est pas rendu compte assez tôt », soupire celle qui souhaiterait que « les Occidentaux sortent de leur zone de confort ». Sa colère, partagée par de très nombreux Ukrainiens, est à peine rentrée. « Pour survivre, on n'a pas besoin de grand-chose. Un couteau pour partager la nourriture avec son voisin, mais surtout des missiles Javelin et des tanks ! » Ira n'est aucunement choquée par la façon insistante dont le président Volodymyr Zelensky demande de l'aide aux pays occidentaux. Au contraire, c'est la surprise des Occidentaux qui la choque.

Au bout de plus de dix heures de voyage erratique, nous arrivons dans la capitale juste après le couvre-feu de 21 heures. Sur le quai de la gare centrale, chacun utilise la lampe de poche de son téléphone portable pour cheminer à petits pas. Volontairement plongée dans le noir, comme si elle se préparait à une fête ou à l'anniversaire surprise d'un ami, la capitale prend des airs de conspiration. Ici, des centaines de milliers de vies tapies dans la nuit vibrent à l'unisson.

Dans l'enceinte de la gare, des annonces à bas bruit rompent le silence alors que la foule, docile et courageuse, évolue vers le haut des escaliers où deux militaires contrôlent les pièces d'identité. Beaucoup dormiront sur place car il est officiellement trop tard pour sortir. J'y parviens parce qu'on est venu me chercher en voiture. Un ami ukrainien me laisse les clés de l'appartement vide de sa grand-mère, situé au cinquième étage d'un immeuble voisin d'une académie militaire. Dans la cour de celle-ci, sur Google Maps, on distingue nettement quatre avions-écoles au sol. Il est formellement interdit d'allumer la lumière sinon des représentants de la défense territoriale viendront sonner et vérifier les identités. Sur la table de la cuisine, dans une coupelle, un peu de confiture de framboise, du thé froid, un sachet desséché sur la toile cirée, trois gâteaux secs dans une assiette. Le jour de l'invasion, la vieille femme a fui dans la précipitation.

« Occupant, casse-toi ! »

« Ici, on ne prétend pas être démocratique, on l'est, on l'a prouvé : si notre gouvernement ne nous plaît pas, on en change, alors qu'en Russie c'est un régime autocratique. Poutine souhaite l'Ukraine à sa botte, comme la

Biélorussie. Chez nous, dès qu'un président veut utiliser la violence, le peuple s'insurge ; en Russie et en Biélorussie, ils subissent. Voilà une différence essentielle entre nous », m'explique fièrement Serheï, vingt-deux ans, dans un café, avant d'avouer ne pas avoir été un grand fan de l'inconnu Volodymyr Zelensky au moment de son élection, mais avoir été depuis bluffé par son tempérament et sa verve. Issu du monde de la production télévisuelle et des acteurs, en 2019, le candidat Zelensky a été élu parce qu'il n'était pas un politique, preuve qu'en Ukraine le « dégagisme » opère comme ailleurs : « On en avait marre des autres », explique Serheï, qui n'a pas voté pour lui. Aujourd'hui, « Zelensky est la bonne personne, au bon endroit », insiste l'étudiant en sociologie, qui admire son président sans l'idolâtrer. « Sans le vouloir, le président russe a œuvré en faveur de l'ukrainisation de notre pays. Grâce à son invasion, si je puis dire, on se sent plus ukrainiens qu'avant ! » souligne-t-il.

Huit jours après la première vidéo qui a exposé au monde en avril 2022 les monstruosités commises par l'armée russe à Boutcha, je me rends dans une localité voisine, à une vingtaine de kilomètres au nord-ouest de Kiev, dans la localité d'Irpin [1], lors d'un voyage pour journalistes organisé par les autorités ukrainiennes.

---

1. C'est à Irpin qu'a été abattu par balles, le 13 mars 2022, le premier journaliste occidental, l'Américain Brent Renaud, ancien du *New York Times*.

Libérée le 28 mars 2022 après que son maire, Oleksandr Markouchyne, quarante et un ans, resté sur place pendant le siège, a refusé de se rendre aux forces russes au prix de « 200 à 300 civils » tués, Irpin, 60 000 habitants avant la guerre [1], a reçu de Volodymyr Zelensky le titre de « ville héros ».

Téléphone à la main, en doudoune fluo orange sous une pluie battante, Larissa, trente-sept ans, une des procureures chargées de documenter les horreurs par le menu, traverse les ruines à pied. Pour « prouver le crime », il faut le « fixer par des faits », insiste-t-elle. L'ample chevelure rousse de la procureure est garnie de nœuds de tissu et ses ongles sont roses. « Pour faire remonter l'atroce, j'exige toujours des photos parce que je dois prouver qu'ici en Ukraine, on ne subit pas seulement une guerre, mais qu'il s'agit d'un génocide », livre brièvement la jeune femme, non autorisée à parler aux médias, avant de s'évaporer dans le brouillard. Je regrette de ne pas pouvoir passer davantage de temps avec elle pour transmettre son témoignage. Les atrocités commises par l'armée russe à Irpin et à Boutcha, documentées par les premiers journalistes [2] arrivés sur place, ont provoqué une immense indignation internationale. Depuis, les investigations ukrainiennes se poursuivent.

1. Seuls 5 000 sont restés.

2. Notamment l'Agence France-Presse et le *New York Times*, dont le travail est à saluer.

Pistolet sanglé par-dessus son pantalon noir sur le haut de sa cuisse droite, talkie-walkie collé à la main gauche, on croirait le maire d'Irpin tout droit sorti d'un film d'action. Le 24 février, Oleksandr Markouchyne n'a pas fui mais a pris la tête de la défense de sa ville avec certains de ses administrés, aidé à évacuer ceux qui le désiraient, et distribué de la nourriture. « Les Russes étaient dix fois plus nombreux que nous. On n'avait que deux tanks, mais on les bougeait pour faire croire qu'on était plus. Voilà peut-être comment on a réussi à se jouer d'eux », prend-il plaisir à raconter. Sinon « Kiev aurait été prise », assure-t-il. « Aujourd'hui, ma priorité est de faire revenir mes administrés. Elle est aussi de reconstruire », répète le maire en nous faisant faire le tour des ruines, dans lesquelles sont visibles des restes de tanks ennemis, des bulldozers et des excavatrices. Après un mois en première ligne de front, Irpin ressemble à toutes les localités que j'ai pu observer en Tchétchénie, dont presque toutes les bourgades avaient été pilonnées par l'armée russe en 2000, mais aussi en Afghanistan après 2001, ou dans certains quartiers de Bagdad, la capitale irakienne occupée et bombardée par les militaires de la coalition occidentale contre Al-Qaïda et Daech entre 2003 et 2006. Depuis le retrait des forces d'occupation russes, le maire d'Irpin s'escrime à déminer, restructurer et fournir des générateurs à sa population. « D'abord l'eau et l'électricité, ensuite on s'occupera du gaz », répète-t-il à notre groupe.

Pour rejoindre le front, il me faut quitter Kiev pour la ville de Dnipro, la troisième du pays, à 550 kilomètres au sud-est. Guerre ou pas, comme en Russie, sur les bords des routes qui traversent la campagne ensoleillée, on peut acheter du miel et des pommes de terre à des petits producteurs. Les panneaux indicateurs en ukrainien sont flambant neufs et tranchent avec les anciens panneaux en langue russe. « Tout ira bien ensemble », clament quelques affiches. Sur la palissade en bois d'une maison de village, ces mots, tagués en russe : « Occupant, casse-toi ! » Pour une plus grande visibilité et par mesure de sécurité, les bords de route ont été creusés, la terre des champs retournée, les haies taillées. Entre deux checkpoints de la défense territoriale tenus par des hommes aux brassards verts [1], on longe des champs de maïs et de blé. Evgueni, mon chauffeur, chargé du parc automobile d'une grande entreprise d'électroménager, qui a été licencié après que, dans la banlieue de Kiev, le dépôt principal de son employeur a été détruit par une frappe ennemie, ne cache ni son patriotisme ni sa fierté d'être un « Ukrainien libre ». Les jours qui ont suivi l'invasion, il était dans sa datcha, non loin de la frontière biélorusse, avec son épouse. Celle-ci n'arrivant pas à dormir à cause du vacarme de l'artillerie, le couple a décidé de se replier dans la banlieue de

1. Afin qu'ils ne soient pas confondus avec ceux de l'armée ukrainienne en bleu et ceux de l'armée russe qui sont blancs.

Kiev. Sur la route, ils prennent en stop huit soldats. S'il faut aller combattre, bien sûr, Evgueni ira. « On travaille pour la victoire », peut-on lire sur un panneau publicitaire à l'entrée de la ville de Tcherkassy. Çà et là luisent les bulbes des églises orthodoxes dont l'éclat doré tranche avec la grisaille. Même en rase campagne, le jaune et le bleu du drapeau national sont souvent les deux couleurs choisies pour décorer un portail ou des montants de fenêtres. On croise encore beaucoup de vieilles Lada, un véhicule de fabrication soviétique [1], mais aussi des Peugeot, des Octavia, des Mercedes et des Audi. Au niveau de la bourgade d'Aleksandria, sur une route atrocement cabossée qui nous force à ralentir l'allure, on dépasse un convoi exceptionnel de quatre tracteurs John Deere flambant neufs et deux véhicules militaires que je ne parviens pas à identifier. D'après Evgueni, ce sont des crématoriums mobiles. « Tous les présidents ukrainiens post-indépendance ont laissé faire Poutine parce qu'ils étaient des marionnettes instrumentalisées par la Russie qui n'a cessé de nous corrompre », maugrée-t-il, arc-bouté sur son volant pour éviter les nids-de-poule. « Au moins, Zelensky refuse ça ! Et si certains habitants de notre Donbass pensent qu'ils vivront mieux côté russe, eh ben qu'ils y aillent ! » insiste-t-il, convaincu, comme beaucoup, que seule une « partition du pays » pourrait stopper le conflit.

1. Pendant mes dix années de résidence en Russie, je possédais une Lada 4 × 4 Niva, bien sûr !

Presque tous les pylônes sont coiffés d'un nid de cigognes, comme si, en ce printemps de guerre, ces étranges volatiles s'étaient tous donné rendez-vous en Ukraine.

« Ils nous ont toujours méprisés »

« Pâques », murmure le chauffeur en baissant sa vitre à la hauteur de la vigie. « Noël », répond le planton, desserrant à peine les dents. « C'est le code d'aujourd'hui, on vérifie les mots d'ordre », décrypte Ilya, l'ami de feu Oleg, mort au printemps 2023 [1], en franchissant un des nombreux checkpoints de la ville de Mykolaïv au volant de sa Kia d'occasion achetée 2 000 euros la semaine précédente en Lituanie et toujours immatriculée là-bas. « À la moindre erreur de code, et surtout si tu portes un uniforme, on peut te soupçonner, alors mieux vaut faire gaffe ! » Casquette à l'américaine, lunettes de soleil sur le nez, tenue de camouflage agrémentée d'un gilet pare-balles noir bardé de munitions, kalachnikov sur le siège arrière, Ilya a fondé avec Oleg l'association humanitaire Heroes Ukraine [2]. Il roule avec dextérité sur cette route chargée

1. Cf. chapitre I.

2. Quelques mois plus tard, il l'a rebaptisée « Hero of Ukraine » (https://heroesukraine.org/en/#).

de convois en tous genres, tel ce mini-van sur lequel sont inscrits les mots « Cargo 200 », le nom de code (commun aux Russes et aux Ukrainiens) pour les soldats décédés. Parvenu devant l'entrée d'une unité militaire des faubourgs de Mykolaïv, Ilya disparaît et revient dix minutes plus tard flanqué d'une jeune lieutenante qui lui sert d'intermédiaire avec le commandement. On file à vive allure jusqu'à ses bureaux, organisés à la hâte dans les locaux de l'entreprise d'un copain transformés en centre névralgique pour la logistique de Heroes Ukraine. Ainsi va la guerre dans cette ville portuaire stratégique [1] située sur une presqu'île autour de laquelle se rejoignent deux fleuves, le Boug méridional et l'Ingoul, avant de se jeter dans la mer Noire. C'est à Mykolaïv, semi-fermée sous l'Union soviétique car abritant la production de chantiers navals, que fut fabriqué en 1986 le croiseur russe *Moskva* triomphalement coulé par la marine ukrainienne dès le début de la guerre. Depuis ses bureaux, Ilya dirige aussi une vingtaine d'hommes incorporés dans son unité de civils de la défense territoriale sous les ordres de l'armée ukrainienne, sans salaire ni compensation en cas de blessure ou décès, mais à qui l'État fournit armes et munitions [2].

1. 500 000 habitants en temps de paix, environ moitié moins depuis l'invasion.

2. Depuis l'automne 2022, les membres de la défense territoriale perçoivent un salaire, comme les militaires.

Trois semi-remorques en provenance de l'ouest du pays se garent dans la boue. À peine déchargés ils sont aussitôt remplis et reprennent la route. Un homme barbu est venu à ses frais de Lviv pour combattre. Il montre son arme, un pistolet automatique américain flambant neuf. Pour aider les forces armées ukrainiennes, Ilya souhaiterait toucher le plus grand nombre de personnes hors d'Ukraine ; je l'aide à traduire du russe en français une lettre qu'il compte envoyer à des interlocuteurs dans l'Hexagone. La voici :

> Chère Madame, cher Monsieur,
> Nous sommes une organisation non gouvernementale humanitaire qui s'appelle « Association des vétérans de l'opération antiterroriste de Mykolaïv ». Depuis les tout premiers jours de l'attaque de la Russie contre l'Ukraine nous avons organisé le soutien de la population civile et des unités de l'armée ukrainienne dans notre région, d'autant plus qu'ici des combats ont lieu en permanence contre l'agresseur russe. Tous les jours nous acheminons de la nourriture et des produits de première nécessité dans des bourgs et villages qui viennent d'être libérés de l'occupant ou se trouvent au cœur des combats. Nous distribuons aussi ce qui est nécessaire à certaines unités ainsi qu'à des bataillons de volontaires, comme la 89e unité de parachutistes, la 28e brigade d'infanterie motorisée, la 406e brigade d'artillerie et la 36e brigade d'infanterie de marine. Nous vous prions de bien vouloir nous aider à soutenir nos populations

tant civiles que militaires en nous fournissant des gilets pare-balles de classe 4, des sacs à dos tactiques, des talkies-walkies Motorola, des casques, des viseurs de nuit, des sacs à dos médicaux, des Thermos, des sacs de couchage, des conserves, de l'eau minérale, de la vaisselle jetable et des pâtes alimentaires.

« Vous êtes déjà là ? » lance Ilya depuis le fond du couloir à un civil qui l'attendait. L'heure entière sera consacrée à une mise au point logistique entre son organisation, l'armée, représentée par la lieutenante que nous sommes allés chercher, et Youri, l'ingénieur des communications venu proposer ses services. Le but : imaginer un système qui aidera à débusquer l'emplacement des Krasukha-4, ces redoutables camions russes conçus pour la cyberguerre, capables de brouiller les ondes satellitaires des drones et des missiles et même de modifier leur trajectoire. Ilya promet à ses deux interlocuteurs que grâce à son ONG, il pourra acheter à prix d'« ami » tout l'équipement cyber nécessaire à l'armée. Quelques heures plus tard, par l'entremise de la lieutenante, le commandant de la brigade (5 000 hommes) accepte de rencontrer Youri, écoute ses propositions et se met d'accord avec lui. « Cette horizontalité entre armée et civils est une des raisons de notre succès, insiste Ilya. Pour la première fois de son histoire, une armée au combat accepte l'aide de civils dans des proportions gigantesques ! » Le niveau de collaboration entre l'armée ukrainienne et les civils ukrainiens est en effet inédit. Je n'ai jamais vu un tel enthousiasme ni une telle efficacité. L'ouverture d'esprit des militaires ukrainiens à leur société leur permet une adaptation hyper rapide malgré une infériorité numérique et des munitions en quantité insuffisante.

Ilya est le fils d'un pope qui a eu le courage d'admettre avoir été « amoureux du "monde russe" » jusqu'au « premier Maïdan », cette révolution initiatique de 2004 considérée comme une des sources de la discorde. Dix ans plus tard, les opérations militaires dans le Donbass étaient déclenchées et huit ans après l'annexion de la Crimée, l'armée russe envahissait l'Ukraine. Au moment du Maïdan, quand le père d'Ilya célèbre plusieurs messes sur les barricades, le fils crée son propre bataillon. En 2022, constate Ilya, « il ne s'agit plus seulement d'une opération antiterroriste [1], comme les autorités ukrainiennes appelaient alors le conflit, c'est une vraie guerre contre un ennemi qui, lui, ne se considère même pas en guerre ! ». Toute la journée, le portable d'Ilya vibre et sonne. Il y répond avec autant de verve en ukrainien qu'en russe, voire en mélangeant les deux langues. Cette fois-ci, il s'agit d'une série de textos rédigés par un ami « actif côté ennemi »,

1. Dénomination officielle du conflit par les autorités ukrainiennes en 2014.

qui abondent en informations précises sur le nombre, la description technique et les positions exactes des véhicules russes, photos à l'appui. Sans perdre une minute, Ilya les transfère à son contact de l'armée ukrainienne. Si, en territoire ukrainien, la peur de l'efficacité des *korrektirovshiki*, ceux qui corrigent les tirs pour l'ennemi russe, est constante, elle est compensée par la présence de nombreux agents ukrainiens accomplissant ce travail de renseignement en terrain occupé. « La liberté, c'est comme l'air que tu respires : tu te rends compte que t'en as plus uniquement quand t'es en train d'étouffer », philosophe Ilya, fier d'avoir été incorporé dans l'armée ukrainienne tout en appréciant conserver une certaine marge de manœuvre. À l'élection présidentielle de 2019, il avait donné sa voix au candidat Porochenko, le président sortant, mais « tout a changé avec Zelensky », insiste-t-il. « Même si ce n'est pas un professionnel, sa présence et sa façon de gouverner ont modifié la culture politique de notre pays. Zelensky a raison de laisser faire les militaires : nous vivons une période où le militaire doit dominer le politique et non l'inverse ! » Se définissant comme un pacifiste de gauche (Ilya participe chaque année à la marche des Fiertés), il concède que « finalement, même si ça fait mal de le reconnaître, cette guerre est une chance colossale pour l'Ukraine : elle lui permet de sortir pour toujours du giron russe. Grâce à elle, nous quittons définitivement l'ex-URSS ». Ilya, le pacifiste engagé dans l'armée, qui reconnaît les vertus de cette guerre, voilà la preuve que le conflit a chamboulé l'Ukraine.

Sur l'ex-avenue Lénine de Mykolaïv, une artère centrale longue de plusieurs kilomètres, gisent des restes d'affichage publicitaire mêlés à des troncs et branches de peupliers. Les coupes d'arbres servent à l'effort de guerre local ; quant aux montants d'acier des panneaux publicitaires de l'avenue, ils ont été démontés pour être transformés en hérissons anti-tanks. Peu à peu, supermarchés, boulangeries et pharmacies rouvrent mais, faute de clients, les magasins de vêtements et les restaurants restent fermés. Dans un des rares endroits où l'on sert à manger, la propriétaire a proposé un marché à ses employés : « Je vous paie si vous continuez à travailler... » La cave de son restaurant sert de refuge temporaire à quatre familles qui, les derniers clients partis, récupèrent les coussins de la salle et se bâtissent des lits de fortune. Tramways et bus fonctionnent. Depuis que le front a été repoussé, nombreuses sont les mères qui sortent dans la rue avec poussettes et enfants et tous restent stoïques lorsque retentissent les sirènes. Peu avant le couvre-feu nocturne, des habitants promènent tranquillement leurs chiens.

Au début de la guerre, Vitaly Kim, trente-neuf ans, le gouverneur de la région d'origine coréenne, nommé par

Zelensky, avait imploré la population de ne pas paniquer. Depuis, son sourire et son flegme sont devenus légendaires. Tous les matins, via sa chaîne Telegram, Kim délivre un court message toujours rassurant. Quant au maire, Oleksandr Shenkevytch, quarante-deux ans, élu depuis 2015 [1], il répond tous les soirs aux questions de ses administrés en direct sur Instagram. Les deux hommes n'ont plus de bureaux et fonctionnent avec leurs équipes par talkie-walkie. Les questions portent avant tout sur des problèmes concrets, comme le retour de l'eau et les raisons pour lesquelles, malgré la guerre, il faut continuer à payer pour l'enlèvement des ordures. L'absence d'eau, coupée depuis que les tuyaux d'approvisionnement en provenance de Dnipro ont été endommagés par des tirs ennemis, est la plus dure à vivre. Les pompiers ont organisé des distributions, les bénévoles aussi. « Les orques [2] pourraient se faire un malin plaisir de tirer à nouveau sur nos canalisations si on les réparait », souligne le maire. Tel un clone du président ukrainien, l'homme d'affaires arbore un pantalon kaki, une casquette et un T-shirt assortis [3]. Juste avant notre

1. Il a été réélu cinq ans plus tard, en 2020.

2. L'ennemi russe est souvent ainsi nommé en référence aux créatures maléfiques dans l'œuvre de J.R.R. Tolkien.

3. En Russie aussi, depuis que Vladimir Poutine est au pouvoir, la plupart des fonctionnaires de la gigantesque machine administrative russe clonent le chef dans sa façon de se vêtir, et même parfois de parler.

rencontre, il intervient en direct et en anglais sur Fox News, équipé d'un anneau lumineux à selfie. Pendant notre interview, il dépose nonchalamment son arme sur la table entre nos tasses de thé tandis que son agent de sécurité monte la garde.

Dans mon « hôtel », l'ambiance est familiale. Vika, une des femmes de ménage, est allée me chercher chez elle un oreiller plus confortable et Lioudmila, dont les deux fils sont sur le front, cuisine ma *kacha* de sarrasin tous les matins à la même heure avec du lait de soja que je lui rapporte de la supérette du coin.

Une après-midi, en repassant les draps des clients, Vika me raconte, en larmes, que son mari a été tué par une frappe russe sur sa caserne le 18 mars 2022. Depuis, elle se débrouille pour survivre avec son fils adolescent et réfute l'idée que les relations russo-ukrainiennes aient pu être meilleures pendant les décennies soviétiques : « Ils nous ont toujours méprisés. » Lioudmila, elle, regrette que l'armée ukrainienne ne « tire pas » sur le pont de Crimée. « On n'a pas les moyens de le faire ou quoi ? » s'enhardit-elle. Quelques mois plus tard, ses vœux seront exaucés et les deux employées célébreront la frappe en s'octroyant un petit verre de cognac.

« On me considère comme un traître alors que j'ai juste voulu maintenir le dialogue avec la Russie »

« J'avais l'habitude de toujours m'exprimer en russe pour communiquer avec mes administrés sur ma page Facebook, mais je me suis résigné à passer à l'ukrainien à cause de la guerre et du nombre croissant d'accusations pro-russes », affirme, mi-rigolard, mi-dépité, Volodymyr Frolenko, cinquante ans, chef de file du parti d'opposition « Plateforme d'opposition-Pour la vie » au parlement régional de Mykolaïv, dont les activités, ainsi que celles de dix autres partis d'opposition, ont été suspendues dès le 20 mars 2022 par le Conseil national de sécurité ukrainien. Dans l'Ukraine en guerre, même si tous les partis jugés trop proches de Moscou ont été dissous, comme celui de Frolenko, leurs élus conservent leurs mandats.

Le parlement régional de Mykolaïv, qui compte 18 députés de la « Plateforme d'opposition-Pour la vie » contre 16 du parti « Serviteur du peuple » du président Zelensky, est majoritairement acquis à ce parti pro-russe. Élu depuis vingt ans, l'agriculteur Frolenko a toujours bénéficié d'une certaine autorité, avant tout parce que, durant le chaos post-soviétique, il avait réussi à ne pas limoger les anciens ouvriers du sovkhoze (ferme d'État de l'époque soviétique) pour continuer à faire vivre son village. « Contrairement à beaucoup d'autres, depuis le début de la guerre, je ne me suis pas enfui et je n'ai pas changé de numéro de téléphone », confie Vladimir assis sur un banc d'un parc peu fréquenté de la ville. Pour garder un contact discret avec ses confrères et consœurs du parti, Frolenko s'est quand même acheté un second téléphone. Depuis l'invasion, de nombreux députés d'opposition de la Rada, le parlement national ukrainien [1], ont été accusés d'être peu généreux envers l'effort de guerre, « mais quand on verse de l'argent à la défense territoriale ou dans la sphère humanitaire, comme je le fais, on nous le reproche ! » dénonce à voix basse l'agriculteur au visage rongé de tics. « Soi-disant tout le monde a le droit de participer à l'effort de guerre mais nous, parce qu'on serait "pro-russes", on est assimilés à des "pro-guerre" et on n'aurait pas le droit d'aider ! » Le député local s'insurge de ces raccourcis. « Depuis longtemps, on nous accuse de coopérer avec la Fédération de Russie, on nous salit... Comme si cette guerre était de notre faute... Ça arrange bien le parti au pouvoir d'avoir un ennemi interne, comme ça ils ne sont coupables de rien ! Mais enfin, on n'était pas aux manettes quand elle s'est déclenchée », répète-t-il, vidant son sac. « En Russie, le nationalisme a toujours été nourri grâce à des

1. Selon le résultat des élections législatives de 2019, la Rada ukrainienne abrite deux partis d'opposition dont Plateforme d'opposition-Pour la vie, le deuxième parti politique du pays, qui compte 43 députés sur 450.

films et à toutes sortes d'œuvres culturelles formidables… Ici, en Ukraine, on nourrit notre nationalisme par une guerre ! Au lieu de nous unir, l'État nous divise encore plus ! C'est trop facile de se débarrasser de la concurrence ! » souligne le député. Il assure avoir reçu des menaces verbales de la part des « structures de forces » ukrainiennes qui lui auraient demandé de cesser de s'exprimer en public ainsi que sur sa page Facebook.

Entré dans l'opposition en 2004, au lendemain du « premier Maïdan », lors des élections parlementaires anticipées et du scrutin présidentiel organisés en 2019, le candidat Volodymyr Frolenko n'a pas changé « opportunément » de formation pour se retrouver du côté du pouvoir comme nombre de ses collègues. Il assume ses convictions et déplore que cette attitude « de girouette » ait conduit à une large victoire « artificielle » des « hommes du président » au nouveau Parlement : « Sur le papier, ils sont ingénieurs, architectes, entrepreneurs, économistes, mais y a rien derrière. Ils sont beaux sur les photos mais nuls en action concrète et, surtout, ils n'ont aucune conviction politique réelle et voguent au gré du vent de celui qui gagne ! » tempête-t-il. « En Ukraine, tout ne va pas bien comme notre télé voudrait nous le faire croire », ajoute-t-il en se référant au canal d'État diffusant des informations en continu après que l'ensemble des chaînes de télévision ont été regroupées en une seule fréquence [1]. Un an avant la guerre, le président Zelensky avait fait fermer trois chaînes privées de télévision pro-russes appartenant au député Viktor Medvedtchouk [2], un ancien dirigeant de l'opposition, ami intime de Vladimir Poutine. L'agriculteur-député est un ardent opposant de la poursuite de la guerre à tout prix. « Je discute sans cesse avec des soldats qui me disent ne pas vouloir se battre ! Ceux qui contrôlent le checkpoint à l'entrée de mon village ne comprennent même pas pourquoi on a été agressés par les Russes ! Ils comprendraient mieux si c'étaient des Martiens ! Beaucoup de gens pensent comme moi mais n'osent pas le dire ! » Il ne voit aucune issue au conflit et se tait, gêné, quand je lui demande d'expliciter les raisons de l'agression russe. Sur le sujet des atrocités commises en mars 2022 par l'armée russe à Boutcha, le député local élude, prétendant ne pas avoir vu les images.

Dans la région de Mykolaïv, d'autres politiciens locaux de la même obédience se sont vu reprocher leurs

---

1. Depuis le 20 mars 2022, un décret présidentiel a regroupé une majorité des chaînes de télévision du pays en une seule plateforme qui fournit à la population des informations en continu. Cette chaîne s'appelle « Marafon ».

2. Arrêté par les services de sécurité ukrainiens le 12 avril 2022, Viktor Medvedtchouk a été échangé le mercredi 21 septembre 2022 contre 200 combattants d'Azovstal qui avaient été faits prisonniers à Marioupol. Depuis son échange controversé, Medvetchouk réside sur le territoire de la Fédération de Russie.

liens avec la Russie, tel Gordeï Belov, quarante et un ans, ex-vice-maire d'Ochakiv, une bourgade sur la mer Noire à une cinquantaine de kilomètres au sud-ouest. Député local sans étiquette au visage poupin, Belov ne doit sa victoire aux élections qu'à sa notoriété télévisuelle. Car, à partir de 2016, l'homme a commencé à se rendre régulièrement à Moscou pour participer à l'émission phare de la première chaîne russe d'État en tant que « voix ukrainienne anti-Maïdan ». Depuis, et même s'il s'en défend, Belov est considéré en Ukraine comme un traître, et comme « l'Ukrainien de service » en Russie. Sa dernière participation au show télévisé a eu lieu le 11 février 2022, la semaine précédant l'invasion. Pour éviter les problèmes, il est rentré en Ukraine, a mis sa femme et son fils à l'abri à l'étranger, s'est enrôlé dans les rangs de la défense territoriale et a posté une vidéo sur sa page Facebook en uniforme ukrainien, dans laquelle il condamnait l'invasion. « On me considère comme un traître alors que j'ai juste voulu maintenir le dialogue avec la Russie », se lamente-t-il dans l'appartement glacial du centre de Mykolaïv où vit sa mère. « Je n'ai pas honte de ma participation à ces émissions, je veux même croire qu'elles ont été utiles, ne serait-ce que parce qu'elles ont permis à des Russes d'entendre mon point de vue d'Ukrainien à une heure de grande écoute ! » se justifie-t-il, fier d'avoir réussi à rester « pro-ukrainien » sans se revendiquer « pro-Maïdan », une nuance difficile à faire passer dans la société ukrainienne en guerre. En cette année 2022, dans la circonscription de Belov, les cérémonies de commémoration de la fin de la Seconde Guerre mondiale ont bien eu lieu le 9 mai, comme à Moscou et dans bon nombre d'États ex-soviétiques, « parce que nous aussi, Ukrainiens, avons gagné la guerre le 9 mai [1] », se justifie-t-il encore. Avec grandiloquence, Belov explique l'invasion par la pauvreté de la majorité de la population russe et le désir de Vladimir Poutine de « nourrir sa population avec de l'héroïsme plutôt que des bons salaires ». « Traiter les Ukrainiens de fascistes ôte aux Russes leur sentiment de culpabilité », croit-il savoir. Quand sa mère nous apporte une théière brûlante, je suis frappée par son port de reine. Ancienne actrice professionnelle du « Théâtre dramatique russe de Mykolaïv », elle regrette que plus aucune pièce ne soit jouée en russe. En 1991, à l'indépendance de l'Ukraine, l'enseignement en langue ukrainienne, qui avait été « oublié » des décennies durant au profit de la langue russe, fut favorisé par l'État ukrainien. Après la révolution de l'Euromaïdan

1. Un an plus tard, en juillet 2023, le président ukrainien fait passer un décret : la victoire de la Seconde Guerre mondiale sera dorénavant célébrée en Ukraine le 8 mai, comme dans la plupart des pays qui y ont participé, et non plus le 9. Selon le même décret, les célébrations de Noël sont, elles, célébrées le 25 décembre, de manière synchrone avec le monde occidental, et non plus le 7 janvier, comme le voulait la tradition orthodoxe jusque-là et comme le font les Russes.

fin 2013 et début 2014, pendant la présidence intérimaire d'Oleksandr Tourtchynov et à la suite de la fuite en Russie du président Ianoukovitch, le 23 février 2014, la Rada vota l'abrogation de la loi datant du président Viktor Ianoukovitch qui accordait un statut officiel aux langues régionales, dont le russe. Le 3 mars, le président par intérim mit cette décision en attente, mais la propagande russe n'a pas cessé d'utiliser cette fausse abrogation pour communiquer sur l'« ukrainisation » de force des régions du Donbass et du sud-est de l'Ukraine [1]. « On jouait déjà Shakespeare en ukrainien, voilà qu'on jouera maintenant tous les classiques russes en ukrainien ! » constate l'actrice avec tristesse.

« On voudrait juste comprendre qui nous protège le mieux »

Passer un moment sur la ligne de front est toujours une expérience de haute intensité. La première impression est que les villages pilonnés sont vides, jusqu'au moment où l'on voit quelques têtes hirsutes, souvent des personnes âgées, émerger des ruines ou des maisons

1. En 2019, une nouvelle loi sur la langue a été votée, qui rend l'utilisation de l'ukrainien obligatoire dans plus de trente sphères de la vie publique, mais pas dans les communications privées. La langue russe n'est donc pas interdite en Ukraine.

barricadées. En Ukraine comme dans tout pays en guerre, les autorités civilo-militaires préféreraient que la population s'en aille docilement afin que les soldats n'aient pas à se soucier d'une présence humaine civile, et donc à se préoccuper d'un potentiel « dommage collatéral ». Sur aucun des terrains de guerre que j'ai arpentés je n'ai constaté qu'un lieu pouvait être évacué à 100 %, et il ne faut pas en vouloir à ceux qui restent. En Ukraine, la police locale veille sur les récalcitrants en procédant à des rondes, s'efforçant de maintenir un semblant d'ordre, subvenant comme elle peut aux besoins des habitants, prévenant les services funèbres, réconfortant les âmes seules. Attendus comme le messie, certains militaires ont même le don de se transformer en psychologues.

Je me rends à Prybuzke, sur la première ligne de contact face aux positions russes, encadrée par quatre militaires ukrainiens très fiers de me montrer sur leurs tablettes les positions de leur armée en bleu et celles de l'ennemi en rouge. Vera, soixante-seize ans, dépendante de ses seules réserves en conserves et de l'aide humanitaire aléatoire, n'en démord pas : personne ne l'obligera à quoi que ce soit, et surtout pas à quitter son logis sans eau, sans gaz et sans électricité. Elle n'en revient pas : « Certains soldats me l'ont dit : s'il le fallait, ils sacrifieraient notre village pour sauver la ville de Mykolaïv. » Depuis, l'armée ukrainienne s'est s'installée un peu plus loin dans les champs, mais les mots des soldats l'ont laissée songeuse. « À nous, simples citoyens, tout passe au-dessus de la tête, au sens propre comme au figuré. On voudrait juste comprendre qui nous protège le mieux, c'est tout… » Quand ça tire, la plupart du temps la nuit, ou au petit matin, la vieille femme reste seule sur sa couche et savoure la lecture d'un roman d'amour. Traumatisée par le vacarme permanent de l'artillerie et des bombes, lorsque les armes se taisent, le silence l'oppresse. Que cache-t-il ? Qu'adviendra-t-il ? Combien de temps lui reste-t-il à vivre ?

Chapitre IV

Décryptages

Le projet impérial russe est avant tout le fruit des aléas de la réalité et reste largement improvisé

Vendredi 23 et samedi 24 juin 2023, pendant quelques heures, la rébellion de l'entrepreneur-mercenaire Evgueni Prigojine vis-à-vis des plus hautes autorités militaires et civiles de Russie a tenu en haleine le monde entier. Que n'ai-je pas entendu ce jour-là ! Dans tous les médias occidentaux, Vladimir Poutine était présenté comme voué à une mort prochaine ou démissionnant le jour même. Finalement, de l'aveu du mutin en chef lui-même, il ne s'est jamais agi d'une tentative de prendre le pouvoir, mais d'un acte de désespoir motivé par l'allocation des gigantesques ressources du ministère de la Défense.

Il a fallu neuf mois de combats acharnés et d'importantes pertes humaines pour qu'Evgueni Prigojine et les hommes de Wagner réussissent à occuper la localité de Bakhmout en Ukraine, offrant à la Russie sa seule victoire militaire claire sur le terrain. Après ce succès, l'homme d'affaires a cessé de recevoir les sommes d'argent habituelles en provenance de la machine de l'État, qui s'est même mise à contraindre ses hommes à signer des contrats de loyauté avec l'armée régulière ! Les troupes de Wagner ont été forcées à quitter le territoire ukrainien et, comble du déshonneur, Vladimir Poutine a cessé de répondre aux appels téléphoniques de Prigojine.

Avant la guerre en Ukraine, personne ne connaissait le visage de l'homme d'affaires saint-pétersbourgeois, qui n'avait jamais donné d'interview et opérait en secret. Il a été propulsé sur le devant de la scène par cette guerre. Fort de ses succès sur le terrain et de l'hyper-médiatisation d'un conflit qu'il commentait sur ses propres réseaux sociaux avec fougue et formules chocs, Prigojine n'a plus cessé de se vanter de ses structures « indépendantes », passant sous silence que, du point de vue de l'armement et des munitions, il restait sous la houlette du ministère de la Défense. Lors de stupéfiantes diatribes, Prigojine s'est mis à dénigrer au quotidien les hauts fonctionnaires de l'armée russe, les accusant d'incompétence et d'indifférence au destin de leurs soldats. Fin février 2023, le chef de l'État russe avait organisé une vaine rencontre entre les ennemis jurés Prigojine et Choïgou, le ministre de la Défense, avant de ne plus s'en préoccuper pendant de longs mois, sachant les hommes de Wagner nécessaires à l'effort de guerre. Progressivement, le discours d'Evgueni Prigojine a glissé vers des propos de plus en plus lucides sur l'opération, au point que le chef des mercenaires a commencé à être perçu par les élites et le peuple russes comme un homme politique d'un nouveau genre, de celui qui ose dire tout haut ce que tous pensent tout bas. D'autant que la plainte n'a pas la même valeur si elle émane du soldat de base, qui poste souvent ce genre de vidéos, ou du haut commandement. Décomplexé et flamboyant, pour la plus grande joie des médias occidentaux ravis de « feuilletonner » sur ce nouveau héros qui électrifiait leurs audiences, ce narratif inattendu a mis en valeur Wagner et fait ressortir la culture du secret au sein de l'armée russe.

Vladimir Poutine, garant de la stabilité, n'avait-il pas permis à la situation de se dégrader jusqu'à devenir intenable ? Cette nouvelle situation n'était-elle pas le signe que les élites étaient en train de changer ? Assistait-on à la prise de conscience qu'il fallait modifier le système de direction du pays ? Quand l'ultimatum du Kremlin, dont le but était de démanteler la force Wagner et de la faire rentrer dans le rang au 1er juillet 2023, fut rendu public, cette décision décupla la rage de Prigojine, d'autant que Vladimir Poutine en avait confirmé l'ordre. Isolé dans ses insultes et sa vanité, pendant le mois précédant la date fatidique, le chef des mercenaires a ruminé sa colère et fini par se bannir tout seul. Depuis, personne d'autre que Prigojine n'a osé exposer les dysfonctionnements au sein de la direction du ministère de la Défense et dénoncer le manque de rotation sur le front, un grief dont seules les épouses de soldats se sont emparées à partir de novembre 2023.

Lors de cette journée que l'habile communicant a nommée « Marche pour la justice » vers Moscou, Prigojine a-t-il reçu une promesse d'immunité en échange de faire rebrousser chemin à ses hommes ? La réalité a démonté le contraire. Même ratée, la mutinerie a entraîné le Kremlin dans une crise politique majeure, laissé des traces et prouvé que le chef d'État russe n'avait plus les capacités de tout contrôler. Si les mercenaires de Wagner avaient gagné Moscou, la population ne serait sans doute pas descendue dans la rue pour défendre Poutine et son régime. Mais elle n'a pas non plus soutenu le mutin : alors que Prigojine avait parié que la moitié de l'armée le rejoindrait, aucune défection de masse des forces régulières vers Wagner n'a été observée. Ce week-end-là, le nombre de départs en jets privés prouve que les élites ont paniqué. Quant au peuple, beaucoup ont retiré de l'argent des banques et essayé de fuir, mais la majorité a adopté une attitude attentiste, prouvant que le soutien passif pour Vladimir Poutine restait un choix pragmatique.

« Comment, en Russie, une unité militaire peut-elle être privée ? Il est interdit de posséder une centrale nucléaire privée et on l'autoriserait pour une unité d'assaut ? »

Vladimir Poutine n'abhorre rien tant qu'être forcé à prendre des décisions sous pression. Il a épargné

Evgueni Prigojine pendant deux mois puis celui-ci a mystérieusement disparu avec l'ensemble de l'état-major de sa société militaire privée (SMP) dans une « catastrophe aérienne ». Cette mutinerie ratée pose la question des conséquences de la fin du monopole de la violence : en permettant à Prigojine de posséder sa propre milice, Vladimir Poutine n'aurait jamais pensé qu'un seul homme défierait le régime en son cœur : l'armée. Soucieux de conserver et préserver son monopole de la force, le FSB a toujours été contre Prigojine, mais surtout contre l'existence des SMP. Les libertés dont a osé se targuer l'outsider et la mutinerie ont offert un aperçu de l'impitoyable lutte de pouvoir entre ces *siloviki* (les différentes structures « de force »).

Après cet échec, Vladislav Sourkov [1], l'éminence grise du Kremlin, considéré comme l'un des principaux artisans de la guerre en Ukraine (tombé en disgrâce depuis), qui avait inspiré l'écrivain Giuliano da Empoli pour le personnage principal de son roman *Le Mage du Kremlin*, est exceptionnellement sorti de son silence. Alors qu'il ne s'était pas exprimé publiquement depuis des années, en 2023, Sourkov a dénoncé l'existence de ces SMP et rappelé cet incident : en 1980, à Leningrad, trois hommes dépouillaient une passante avec violence. Parmi eux, Prigojine ! « C'est tout ce qu'il faut savoir

1. Vladislav Sourkov a occupé divers postes à responsabilités dans l'administration présidentielle au Kremlin d'août 1999 à mai 2013.

sur lui. Le reste n'a pas la moindre importance [1] », soulignait l'ex-conseiller avant d'insister sur la nécessité absolue de « garantir l'unité de commandement ». En tant que partisan de la « démocratie souveraine », un terme qu'il a inventé et popularisé, Sourkov soulignait l'inanité de continuer à « copier des institutions étrangères » (sous-entendu américaines) sans tenir compte des spécificités culturelles, psychologiques et politiques russes. Les SMP sont un emprunt direct à la pratique occidentale, rappelait-il, se déclarant même contre leur légalisation alors que, le même jour, Vladimir Poutine évoquait cette possibilité à un journaliste. Début 2024, la question n'est toujours pas tranchée. « Comment, en Russie, une unité militaire peut-elle être privée ? Il est interdit de posséder une centrale nucléaire privée et on l'autoriserait pour une unité d'assaut ? s'insurge Sourkov. Pourquoi ? Ces armées privées sont apparues chez nous au temps des Troubles et de la guerre civile. Si une loi sur les SMP est votée, même bien rédigée, elle ouvrira une perspective dangereuse de transformation de notre pays vers une “zone tribale” eurasiatique… C'est inutile… Le système de contrats existant dans nos forces armées est suffisant », insistait-il fermement. De plus, les SMP ont été créées pour participer à des guerres par procuration : quelle utilité aujourd'hui,

1. 14 juillet 2023, https://actualcomment.ru/zakon-o-chvk-vreden-dlya-rossii-2306261629-.html

« quand on participe ouvertement au combat en Ukraine ? Ce n'est pas une guerre par procuration, c'est une SVO [1] ! » relevait avec ironie l'inventeur des « petits hommes verts » en Crimée qui, lorsque les forces armées russes avaient envahi la péninsule en 2014, avait lui-même suggéré qu'ils retirent tout insigne de leur uniforme pour maintenir la confusion. « Il est nécessaire de livrer davantage d'armement à nos hommes, mais uniquement sous commandement unifié », tonnait Sourkov, terminant sa démonstration en faisant remarquer qu'on ne comptait pas moins de « héros militaires » dans les rangs réguliers de l'armée que dans ceux d'une SMP.

Une des faiblesses du pouvoir de Vladimir Poutine est qu'il ne repose pas réellement sur des institutions mais se base sur ses relations personnelles et informelles nouées avec certains. L'un d'eux, Evgueni Prigojine, n'a pas hésité à sortir du rang et à bafouer le narratif du Kremlin, montrant que même le chef suprême était capable de manquer de discernement.

Au cœur des sociétés civiles de régimes autoritaires, agir bénévolement pour le bien d'autrui est incongru

En Russie comme ailleurs, le règne de l'idéologie pure a disparu : la seule idéologie de Vladimir Poutine

1. SVO (« *Spetsalnaya Voennaya Operatsia* ») est l'acronyme russe pour « opération militaire spéciale ».

est la victoire. À trente-neuf ans, stationné en tant qu'agent du KGB en république démocratique allemande (RDA), le jeune officier a vu disparaître l'URSS, sa patrie, et souffert de l'incapacité du régime à prendre des décisions. C'est exactement ce qu'il ne souhaite pas vivre pour la Russie. Vladimir Poutine regrette-t-il l'implosion de l'URSS, « la catastrophe géopolitique la plus grande du XXe siècle » ? Durant sa carrière, l'ancien agent du KGB a eu tout loisir d'observer la démocratie occidentale et de se persuader que « démocratie » et « société civile » y masquent mal deux valeurs dominantes, l'argent et le pouvoir. Sous le communisme, au moins, pense-t-il, le peuple et ses leaders croyaient en certaines valeurs et ne poursuivaient pas uniquement leurs propres intérêts : personne n'aurait osé accuser le Parti communiste de l'Union soviétique (PCUS) d'être un parti de « voyous et de voleurs » comme est aujourd'hui accusé Russie unie, le parti poutinien, notamment par l'opposant emprisonné Alexeï Navalny. On peut se demander si le chef d'État russe a jamais pris la démocratie au sérieux, peut-être même n'y a-t-il jamais cru, rejoignant le scepticisme de nombreux pays brisés : demandez à un Irakien ou un Afghan moyen sa perception de la démocratie, vous serez étonné ; la vision des autochtones sur leur régime et leurs leaders n'est jamais identique à la nôtre.

Vladimir Poutine a comparé dans de nombreux discours les ONG russes recevant des subventions de l'étranger à Judas. Qu'il puisse exister un système de contre-pouvoir habilité à contrôler l'État émanant de la société a toujours paru inconcevable et non souhaitable au maître du Kremlin. J'ai souvent retrouvé cette incompréhension majeure au sein de la population, convaincue que la mission de ces structures est d'aider le gouvernement en place (l'État) sans émettre aucun avis critique : au cœur des sociétés civiles de régimes autoritaires, agir bénévolement pour le bien d'autrui est incongru.

Avant de devenir un paria, Vladimir Poutine a longtemps été l'objet d'une inextinguible curiosité médiatique mondiale. En 2014, l'année de l'annexion de la Crimée, il a été montré à la pêche au brochet, torse nu sur un cheval, embrassant un enfant, jouant au hockey. Les unes étaient barrées de ces titres : « Le monde selon Poutine [1] », « Les Jeux de Prométhée [2] », « Vladimir le Magnifique [3] » ou encore « le Tsar aux cent visages [4] ». En 2014, le dernier grand portrait de Vladimir Poutine dans le magazine américain *Time*, qui, en 2007, l'avait nommé « personnalité de l'année », le présente comme « Vladimir Poutine l'Impérialiste ». Il est sous-titré : « Le président de Russie de plus en plus isolé s'est donné pour mission de restaurer

1. Cf. *Time*, 16 décembre 2013.

2. Cf. *Le Monde*, 11 janvier 2014 ; *M. Le magazine du Monde*, 25 janvier 2014.

3. Cf. *Valeurs actuelles*, 7 février 2014.

4. Cf. *L'Obs*, 6 février 2014.

l'empire perdu de son pays. » « Poutine supertsar [1] », titre même un hebdomadaire français à la veille des Jeux olympiques de Sotchi. Les matinées sportives du président – ses longueurs de piscine et son menu du matin, de la *kacha* aux boissons énergisantes – sont détaillées. À cette époque, les T-shirts à son effigie avec la sobre mention « Crimée » se vendent comme des petits pains dans toute la Russie.

Le serpent Kaa, celui que personne ne peut regarder dans les yeux et à l'emprise mortelle duquel personne n'a survécu

Obsédés par la personnalité de Poutine mais omettant de se pencher sur les réels problèmes de la population ainsi que sur son attitude ambiguë vis-à-vis de son dirigeant, les médias occidentaux prennent pour habitude de résumer la Russie à l'homme fort du Kremlin. Même si, à ce moment-là en Occident, personne ne le prend véritablement au sérieux car il n'a pas encore agi, la question « qui est Poutine ? » revient comme un mantra.

Vladimir Poutine dit de lui même qu'il est un serpent et se compare à Kaa [2], le gigantesque python tant redouté par

1. Cf. *L'Express*, 29 janvier 2014.
2. À l'occasion d'une conférence de presse en janvier 2012, alors qu'il était encore Premier ministre.

les singes dans *Le Livre de la jungle*[1], celui dont personne ne connaît « les limites du pouvoir, que personne ne peut regarder dans les yeux, et à l'emprise mortelle duquel personne n'a survécu ». Pareil à Kaa, il n'a que faire d'être haï par les autres créatures de la jungle : il ne craint pas de déplaire à un public international, seule sa popularité domestique compte. Quoique autoritaire, il sait ne pas être perçu comme tel par une majorité de Russes qui le considèrent « démocrate » et voient en lui un « sauveur ». Il est par ailleurs fier d'être toujours seul à décider – on dit que personne n'influence le président russe, pas même une femme, puisque officiellement, Vladimir Poutine n'a plus d'épouse – et garde farouchement secrète sa vie privée. Quintessence de l'*Homo Sovieticus*, il n'utilise jamais le moindre ordinateur, ce dont il se vante (c'est une perte de temps), et méprise Internet. Sans twitter ni poster, le chef d'État russe n'a pas compris qu'il passe à côté d'un mouvement à la source d'immenses transformations sociétales.

« Je considère qu'il faut revenir vers nos valeurs traditionnelles. Quoi qu'on pense de l'idéologie soviétique, il y avait en elle des valeurs quasi religieuses »

Deux septennats durant, le président de mon pays s'appelait François Mitterrand et la potentielle instabilité induite par un changement au sommet paraissait

1. De Rudyard Kipling.

effarante à mes yeux d'enfant ! En Russie, le même président s'impose… depuis plus de vingt ans. Mon expérience de correspondante dans ce pays-continent m'a fait prendre conscience que ce territoire n'était pas comparable au nôtre : tout y est vécu et pensé autrement et doit être analysé différemment. C'est ce que j'ai tenté de faire lors d'un voyage au long cours qui traversait le continent d'est en ouest [1]… Partout, durant cette année 2017, des Russes m'ont répété leur besoin quasi viscéral d'un pouvoir fort pour dissimuler leur angoisse de l'incertitude.

Avant la guerre en Ukraine, l'Occident a longtemps été aveuglé. Les premiers dossiers médiatiques sur « le grand jeu » géopolitique du gaz russe apparaissent dès 2006 : les gesticulations de la Russie inquiètent en Pologne et en Hongrie, en Europe de l'Ouest, on reste sous le charme. « L'Europe critique la Russie pour son manque de démocratie, sa corruption ou sa criminalité, mais accueille avec plaisir l'argent d'origine douteuse des oligarques russes, achète du gaz sans se soucier de l'opacité des transactions et se montre prête, quand elle y a intérêt, à fermer les yeux sur toutes les frasques du Kremlin », affirme en 2009 un journaliste russe sur le média en ligne gazeta.ru, preuve que le double jeu européen est déjà dénoncé en Russie. Un mois plus tard,

1. Cf. Anne Nivat, *Un continent derrière Poutine ?*, *op. cit.*

Diana Doutsyk, une journaliste ukrainienne, commente dans le quotidien *Oukraïsnka Pravda* les velléités russes de modifier le récit historique. « L'Ukraine est particulièrement visée », souligne la journaliste, inquiète des réactions agressives de la part de la Russie à propos de tout ce qui concerne l'histoire commune soviétique. « Pour Moscou, qui s'ingère ainsi dans les affaires intérieures de son voisin, empêchant Kiev d'effectuer un travail de mémoire pourtant plus que nécessaire, l'Histoire est une arme au même titre que le gaz [1] », ajoute-t-elle. À travers cette invasion, Vladimir Poutine souhaite montrer qu'en Russie, le front de l'Histoire est plus important que le front militaire. Pour de nombreux observateurs, il apparaît clair qu'il veut « que l'Ukraine, l'Europe et plus généralement le monde entier soient conformes à sa version de l'Histoire [2] », et pas seulement celle des dernières décennies de la guerre froide, insistent Fiona Hill et Angela Stent. Depuis la fin du système soviétique, une Société russe d'histoire militaire est chargée d'« inculquer le patriotisme et de contrer les initiatives visant à dénaturer et discréditer l'histoire militaire de la Russie ». Créée en 2012 sous le président Dmitri Medvedev, cette institution peaufine le travail de contrôle de l'écriture de l'Histoire débuté par la Commission présidentielle sur l'Histoire présidée par

1. Cité par *Courrier international* n° 969, 28 mai – 3 juin 2009.
2. « The World Putin Wants », *Foreign Affairs*, septembre 2022.

Sergueï Narychkine, le chef des services du renseignement extérieur. « La principale ressource de la puissance et de l'avenir de la Russie réside dans notre mémoire historique », a décrété Poutine à l'occasion du premier congrès de la Société. En 2014-2015, une « norme commune en matière de culture et d'histoire en phase avec les intérêts géopolitiques de la Russie » est introduite dans les manuels scolaires, dont le contenu est homogénéisé. Fin 2016, lorsque le chef de l'État russe fait ériger une statue de Vladimir le Grand devant les portes du Kremlin, c'est déjà une provocation envers l'Ukraine puisque ce prince du Xe siècle régnait sur la principauté de Kiev. En juillet 2020, la Constitution russe fait sienne la célébration de « la mémoire des défenseurs de la patrie », de la « Grande Guerre patriotique » et interdit de « minimiser la signification de leur héroïsme ». Aujourd'hui, un redoutable arsenal juridique est mis en place pour sanctionner ceux qui mettent en doute le discours officiel sur l'Histoire, la « Grande Guerre patriotique » ou l'« opération militaire spéciale » en cours. Plus aucune interprétation divergente n'est autorisée. Les historiens du monde entier s'accordent à dire que 26 millions de Soviétiques sont morts pendant la Seconde Guerre mondiale (dont 16 millions de civils), mais jusqu'à l'avènement du président Mikhaïl Gorbatchev, les autorités évoquaient pudiquement le chiffre de 7,10 millions[1]. Si, en 2021, Vladimir Poutine reprend ce chiffre, c'est uniquement pour souligner l'incommensurable sacrifice de son peuple et non pour chercher à connaître le décompte précis par nationalité. « À l'intérieur de l'URSS, les frontières entre les républiques n'ont jamais été considérées comme des frontières d'État ; elles étaient nominales à l'intérieur d'un seul pays », souligne-t-il[2]. Si Vladimir Poutine réécrit l'Histoire, c'est parce qu'il s'y sent intuitivement autorisé par son peuple : son grand récit correspond aux attentes de la société russe désorientée après la dislocation soviétique. En entretenant le flou sur l'interprétation du passé, Vladimir Poutine permet à la Russie de continuer à clamer qu'elle est victorieuse, dans le plus pur héritage soviétique. Pas question de « partager », surtout avec un « peuple frère » qui a l'outrecuidance de souhaiter vivre indépendamment ! *De facto*, la guerre menée par la Russie en Ukraine a rouvert les plaies béantes de la fin du soviétisme que personne ne voulait voir, et encore moins analyser[3].

Dès 2010, la nouvelle doctrine militaire russe affirme que l'élargissement de l'OTAN représente une

---

1. Cf. Florent Georgesco, « Le mythe russe de la Grande Guerre patriotique et ses manipulations », *Le Monde*, 30 avril – 2 mai 2022.

2. Discours de juillet 2021.

3. Cf. Nicolas Werth, *Poutine historien en chef*, *op. cit.*

immense menace extérieure, d'où l'augmentation permanente du budget militaire. Qu'il est loin le temps où, fin 2001, sous la plume alerte d'un fameux expert militaire, l'hebdomadaire russe *Les Nouvelles de Moscou* prédisait le rattachement de la Russie à l'OTAN pour… 2010 environ ! Dès sa réélection en 2012, Vladimir Poutine cesse de chercher un socle commun avec les États-Unis et l'Europe. Sa décision de faire interdire les adoptions d'orphelins russes par des familles américaines, laissant entendre que certaines de ces familles adoptives cachent des pédophiles, aurait dû alerter davantage [1]. En décembre 2013, devant 1 300 journalistes accrédités à sa conférence de presse annuelle, il prononce avec insistance le mot « décadence » pour qualifier l'Occident : « Je considère qu'il faut revenir vers nos valeurs traditionnelles. Quoi qu'on pense de l'idéologie soviétique, il y avait en elle des valeurs quasi religieuses. Seules des valeurs traditionnelles peuvent la remplacer, sinon la société se dégrade. » À cette « dégradation » devenue une obsession publique, le chef d'État russe ajoute le désir de reprendre à son compte la théorie messianique de la « Moscou troisième Rome », un concept du XVIe siècle qui octroyait à la capitale russe le droit de protéger la foi orthodoxe et les traditions de la Rome impériale après la chute de Constantinople.

1. En décembre 2012.

« Se prendrait-il pour Dieu ? » ose demander l'écrivain Dmitri Bykov, exilé aux États-Unis.

« *Une sorte de mur de Maïdan de narratifs opposés* »

« Le problème, c'est qu'ils croient avoir gagné la guerre froide, tu comprends ? Alors que l'Union soviétique ne l'a pas perdue. La guerre froide s'est arrêtée parce que le peuple russe a mis fin à un régime qui l'opprimait. Nous n'avons pas été vaincus, nous nous sommes libérés d'une dictature. Ce n'est pas la même chose. Les Occidentaux ont, eux aussi, contribué à la démocratisation de l'Europe de l'Est, mais ils ne devraient pas oublier que la plus grande contribution a été donnée par les Russes. C'est nous qui avons fait tomber le mur de Berlin, pas eux qui l'ont abattu. C'est nous qui avons dissous le pacte de Varsovie, nous qui avons tendu la main vers eux en signe de paix, pas de reddition. Ce serait bien qu'ils s'en souviennent de temps en temps [1]. » Ces phrases de fiction que Giuliano da Empoli fait dire au « tsar », alias Vladimir Poutine, dans son roman reflètent une conviction russe martelée tous les jours sur les chaînes d'État.

C'est une évidence, le récit des trente années qui ont suivi la chute du mur de Berlin n'est pas le même en

1. Giuliano da Empoli, *Le Mage du Kremlin*, Gallimard, p. 140.

Occident et en Russie. Il y a là « une sorte de mur de Maïdan de narratifs opposés », selon la formule choc d'un diplomate français [1]. Poutine et de nombreux Russes considèrent effectivement que l'Amérique pense avoir gagné la guerre froide. Mais la Russie pense aussi l'avoir gagnée, travaille à créer de nouvelles règles pour la sécurité dans le monde à « ses » conditions et souhaite être traitée avec « respect » en conséquence. « Ils nous en veulent parce que nous existons », a osé avancer Poutine à propos des Ukrainiens dans son discours du 21 février 2022 sur les deux « peuples frères [2] », un argument développé sur vingt-cinq pages que les Ukrainiens peuvent facilement lui retourner ! Selon cette thèse destinée à légitimer historiquement l'invasion russe, l'Ukraine en tant que pays serait une construction artificielle de l'ère soviétique. Poutine a établi des listes d'ouvrages pour ses hauts fonctionnaires, à qui il conseille de lire avant tout le philosophe émigré Ivan Iline [3], qui a toujours appelé de ses vœux une « dictature nationale ». La Russie, pour être elle-même, défendait Iline, a besoin d'ennemis. On y

1. Il s'agit de Justin Vaïsse, chef du Centre d'analyse de prévision et de stratégie du Quai d'Orsay, cité in *Le Monde*, 10 novembre 2014.

2. *De l'unité historique des Russes et des Ukrainiens*, publié sur le site du Kremlin, juillet 2021.

3. Ivan Iline est un philosophe slavophile né en 1883 et mort en Suisse en 1954, où il s'était exilé après la révolution bolchevique.

trouve aussi les ouvrages d'Alexandre Douguine, cet idéologue ultra-nationaliste à la tête d'un groupe de penseurs qui travaille sur le concept de « Russie forteresse ». Très écouté au Kremlin, Douguine considère que la Russie est un « grand espace tellurique » où différents peuples trouvent leur place grâce à « la paix des guerriers » tout en appliquant le concept de « la guerre est notre mère » pour rester puissant. Ce groupe nourrit à la fois un complexe de supériorité vis-à-vis d'un Occident « dégénéré », mais aussi d'infériorité vis-à-vis de ce même Occident tout-puissant qui passerait son temps à fomenter des complots contre la Russie.

En 2014, de très nombreux invités occidentaux se pressent en Russie au Forum de Valdaï pour assister à des conférences tentant de répondre à cette question : « Nouvelles règles ou jeu sans règles ? » Parmi eux, des politiques et représentants de médias français espérant tous qu'on oubliera leur présence, mais Internet a la mémoire longue. À la suite de l'annexion de la Crimée et au déclenchement d'un premier train de sanctions européennes, Vladimir Poutine incrimine l'Occident dans quasiment tous ses discours [1] et répète à l'envi que la Russie ne veut pas « se soumettre ». « Si, pour certains pays européens, la fierté nationale est une notion depuis longtemps oubliée et la souveraineté un trop grand luxe,

1. Cf. Isabelle Mandreau, *in Le Monde*, 6 décembre 2014.

pour la Russie, c'est une condition absolument nécessaire à son existence », souligne-t-il, ne cessant d'évoquer le « coup de poignard dans le dos [1] » asséné par ses partenaires occidentaux à la Russie. Dix ans plus tard, aux premières heures de la mutinerie de Prigojine, lèvres serrées, mâchoire bloquée, blême, Poutine répétera ces mots : « Coup de poignard dans le dos. »

Certains pays perçoivent le conflit comme une guerre régionale européenne ne concernant qu'une partie du monde, voire une « guerre entre Blancs »

Si la Russie était une démocratie, blâmer l'ensemble des Russes pour les souffrances que son gouvernement inflige au peuple ukrainien et pour la terreur qu'il inspire à l'Europe aurait un sens. Mais le système politique russe est presque exclusivement basé sur la volonté, les pensées et les actions d'un seul homme, Vladimir Poutine, qui croit avoir réussi à convaincre les citoyens de penser comme lui. Le chef d'État russe ne se rend pas compte que cela peut, pourrait ou pourra ne plus être le cas ; il ne veut pas le savoir et refuse de réfléchir au changement de génération, souhaitant vivre dans un monde façonné par ses désirs et sa vision. Qui n'a pas ressenti cette amertume en prenant de l'âge : ce

1. *Ibid.*

qui vous a forgé, ce qui vous habite n'est plus tout à fait dominant dans la société en train de passer à autre chose. Soit on refuse ce fait et on s'emmure, soit on l'observe, on l'analyse et on s'adapte.

Selon la vision de Vladimir Poutine, les trois peuples slaves, russe, biélorusse et ukrainien, sont les descendants d'un ancien peuple de la « Rus' » et restent liés par ce territoire commun et la religion orthodoxe. Pour lui, l'Ukraine n'a jamais été indépendante en tant qu'État, et même lorsque les bolcheviques ont créé l'URSS en 1922, une partie du territoire de la république socialiste soviétique d'Ukraine a été « volée » à la Russie. Vladimir Poutine est convaincu qu'au moment de la formation de l'URSS, quand l'Ukraine et la Russie ont été séparées, une erreur a été commise, une injustice qu'il faut réparer, d'où l'invasion [1].

En attaquant l'Ukraine, la Russie a violé la Charte des Nations unies, qui sanctuarise la souveraineté et l'intégrité territoriale de ses membres [2]. Mais, depuis l'invasion, le cercle des États refusant de prendre position entre la Russie et l'Occident se maintient à cause

1. En 2008, lors d'un sommet de l'OTAN à Bucarest, Poutine avait déjà affirmé au président américain George W. Bush : « L'Ukraine n'est pas un vrai pays. »

2. Notons cependant qu'en 2003, les États-Unis avaient envahi l'Irak sans l'assentiment du Conseil de sécurité de l'ONU dans le but de chasser Saddam Hussein du pouvoir et de démontrer qu'il disposait d'armes de destruction massive. Le premier objectif a été atteint mais les fameuses armes n'ont jamais existé.

du fort sentiment de « deux poids-deux mesures », mais aussi parce que ces pays perçoivent le conflit comme une guerre régionale européenne ne concernant qu'une partie du monde, voire une « guerre entre Blancs ». L'Alliance atlantique militaire (OTAN) s'est retrouvée au centre du jeu après avoir été qualifiée d'« obsolète » par Donald Trump à peine élu à la présidence des États-Unis (en 2019, le président français Emmanuel Macron la considérait, lui, en état de « mort cérébrale »). Aurait-elle été ressuscitée par la guerre et plus précisément par l'invasion russe de l'Ukraine ? Les rapports entre l'OTAN et Moscou ont beaucoup fluctué : en 1990, lors d'une visite officielle à Moscou, un secrétaire général de l'OTAN [1] avait évoqué l'émergence d'« un nouveau système de sécurité de Vancouver à Vladivostok ». À l'époque, personne n'avait vraiment envie de réfléchir au réel bien-fondé d'une telle alliance dans un espace post-guerre froide : la tendance à s'auto-congratuler et s'auto-féliciter l'emporta. Sept ans plus tard, sous le président russe Boris Eltsine, l'Acte fondateur OTAN-Russie était signé : les deux parties ne se considéraient plus comme des adversaires. En 2002 le Conseil

1. Manfred Wörner et son épouse se sont rendus à Moscou du 13 au 17 juillet 1990. Le secrétaire général de l'OTAN a été reçu par Edouard Chevarnadze, ministre des Affaires étrangères de l'URSS, et par le secrétaire général du PCUS Mikhaïl Gorbatchev.

OTAN-Russie (COR[1]) était créé, où le président russe pouvait siéger à égalité avec tous les autres pays de l'Alliance.

Le projet impérial russe est avant tout le fruit des aléas de la réalité et reste largement improvisé

Même si les sanctions finissaient par être efficaces, elles ne modifieraient en rien la vision du monde de Vladimir Poutine, sa réécriture de l'Histoire et sa volonté de faire revenir dans son giron le « peuple frère » ukrainien, dont il se sent proche et qu'il veut en même temps combattre « jusqu'au dernier[2] ». Vladimir Poutine est convaincu que, grâce à lui, un nouveau monde est en train de voir le jour et que cette naissance vaut tous les sacrifices ! Devenir un paria ne le touche pas, sa priorité est de modifier l'ordre établi. Obsédé par la notion d'« égalité » et par l'« ordre multipolaire », le chef d'État russe revendique une conversation entre « égaux », et cette exigence trouve un écho chez les Russes, qui, contrairement à d'autres, n'ont jamais revisité leur passé : la repentance pratiquée en Allemagne

1. Le COR est un mécanisme de consultation, de construction du consensus, de coopération, de prise de décision commune et d'action conjointe. Sa dernière réunion date de janvier 2022.
2. Cf. sa déclaration à la Douma le 7 juillet 2022.

après 1945 est absente en Russie. Lors d'un colloque au Sénat à Paris auquel j'assistai il y a vingt-cinq ans [1], Iouri Levada [2], le sociologue russe qui a créé et dirigé l'unique institut de sondages indépendant (portant son nom), avait souligné que son pays était le seul en ex-URSS où les dix ans du putsch de 1991 n'avaient pas été fêtés. Une majorité de la population estimait même qu'il ne s'agissait que de « quelques embrouilles au sommet du pouvoir [3] ». Plus de trente ans plus tard, j'ai l'impression que la population russe est restée enfermée dans ce déni. En Russie, expliquait Levada, il y a « l'homme patient, cynique, capable de tout endurer » et « l'homme soviétique à la mentalité corrompue, qui travaille dans la police, l'administration ou le fisc, et avance comme il peut dans un monde encore post-soviétique, s'extirpant à grand mal d'une maison en ruine ». Le sociologue avait conclu ne pas encore savoir si ce régime était « poutinien », car « on ne sait pas où le président veut aller ». Il doit se retourner dans sa tombe.

L'invasion de l'Ukraine a relancé les débats sur la nature impérialiste de la Fédération de Russie. « Graduellement, le Kremlin s'est positionné en puissance révisionniste, voire revanchiste, du nouvel ordre mondial. Il est passé de l'usage des outils classiques

1. Le 28 novembre 2001.
2. Né en Ukraine en 1930 et décédé à Moscou en 2006.
3. Notes prises par l'auteure en novembre 2001.

de la puissance (attraction économique et culturelle, projection symbolique d'influence) à des outils "hybrides", comme les opérations de désinformation », souligne Marlène Laruelle [1], chercheuse française basée aux États-Unis. Aujourd'hui, différentes facettes de ce projet impérial se concurrencent sans que personne ne sache de quoi il retourne puisque Vladimir Poutine ne s'exprime jamais clairement sur le sujet. Une chose est sûre, la reconstitution à l'identique de l'Union soviétique ou de l'Empire tsariste semble irréaliste : quasi personne parmi les élites russes au pouvoir ne se montre intéressé par la reconquête de l'Asie centrale ou du Caucase. L'enjeu concerne presque exclusivement l'Ukraine [2], l'indépendance de Kiev incarnant l'échec de la Russie à conserver son influence sur ce que, des années durant, elle a pudiquement appelé son « étranger proche ». L'objectif initial d'un renversement du gouvernement Zelensky ayant échoué, le Kremlin a dû réajuster sa stratégie et se focaliser sur le contrôle du plus de territoires possibles – mais pour en faire quoi ? Administrer les territoires occupés afin de pouvoir s'en servir de monnaie d'échange dans de futures négociations diplomatiques ou annexer ces nouvelles régions à la façon de la Crimée ? Ces hésitations montrent que le projet impérial russe est avant

1. Le 29 septembre 2022, *in La Croix*.
2. Même si la Transnistrie en Moldavie et l'Ossétie du Sud en Géorgie peuvent être concernées de manière plus lointaine.

tout le fruit des aléas de la réalité et reste largement improvisé.

Les sanglots de Lioudmila

En relisant mes carnets de reportage de 2004, je suis frappée par les propos d'un couple rencontré à Tioumen, en Sibérie. Lioudmila est femme au foyer, son mari militaire, tous deux sont encore marqués par l'identité et la puissance soviétiques. « Finalement, on aurait dû conserver l'URSS, parce que sa dislocation est peut-être en train de nous mener à celle de la Russie... J'ai l'espoir que Poutine réussisse à nous faire accepter du reste du monde, comme c'était sous l'URSS, pour qu'on ait le même genre de relations qu'avant avec nos voisins », insiste l'épouse face à l'étrangère. « Poutine est jeune, sportif, énergique, il a davantage de perspectives que les autres ! » ajoute son mari rempli d'espoir.

Mais en se remémorant le silence et la maladresse de son président à propos du sous-marin nucléaire *Koursk* abîmé en mer de Barents en août 2000, tuant les 118 marins à bord, Lioudmila se met à sangloter. Ses larmes redoublent quand elle se souvient du drame de la Doubrovka en 2002, ce théâtre moscovite dans lequel, lors d'une prise d'otages par des terroristes tchétchènes, 128 personnes avaient péri après l'intervention des forces spéciales. Ses sanglots s'intensifient encore à l'évocation de l'école de Beslan en 2004, où, à la suite d'une nouvelle prise d'otages par des terroristes tchétchènes, les forces de l'ordre ont provoqué la mort de plus de 300 civils, dont 186 enfants.

À Mourmansk pour le *Koursk*, Moscou pour la Doubrovka, en Ossétie pour Beslan, tous mes interlocuteurs ont cru que la « vérité éclaterait à la télé » et que la Russie demanderait de l'aide extérieure. Mes carnets sont noircis de leurs espérances. Or, chaque fois, la Russie s'est renfermée, son président a minimisé, le pays n'a demandé aucune aide.

Chapitre V

En Russie

« Combattre en Ukraine, c'est défendre sa religion et contrer le satanisme. Pour les Tchétchènes, c'est un djihad ! »

Kalachnikov en bandoulière, tout de noir vêtu – bottes de cuir montantes, pantalon, gabardine fourrée, bonnet de laine bas sur les oreilles –, l'homme avance, déterminé, en direction du sud. Quelques heures plus tôt, ce chef indépendantiste tchétchène réputé a manqué être enseveli sous une avalanche provoquée par les hélicoptères de l'armée russe. Trois de ses compagnons ont péri sous la neige, les deux autres seront emprisonnés. Lorsqu'au début de cette année 2004, Rouslan Guelaïev, *aka* « l'ange noir », l'un des chefs les plus redoutés et respectés de la résistance tchétchène, a rendu publique sa décision de « faire une pause » dans cette guerre qui l'oppose à l'armée russe, une majorité de ses troupes est perplexe. Les exilés en Europe sont choqués. Las ! L'irréductible incorruptible veut prendre du recul et réfléchir.

Cet hiver-là, la résistance patine, l'armée fédérale occupe la terre tchétchène, l'élection présidentielle russe approche et le second président indépendantiste vient d'être assassiné au Qatar par les services secrets de Moscou [1]. Malgré d'incessantes propositions financières pour sa reddition, Guelaïev tient bon. Contrairement à d'autres chefs de guerre, il n'a jamais rien cédé. Encerclé par l'ennemi à plusieurs reprises, il est toujours sorti du piège.

Guelaïev survit à l'avalanche et continue à marcher, blessé. Sur les cimes, un berger daguestanais le recueille et le soigne. Après avoir récupéré ses forces, le combattant solitaire de trente-neuf ans reprend sa marche en direction de la Géorgie. Il est déjà passé maintes fois par ces rudes sentiers avec ses hommes, il connaît ces montagnes comme sa poche. Ce matin-là, Guelaïev se rend compte qu'il est suivi. Au loin, deux silhouettes marchent dans ses pas. Qui sont-ils ? Pour en avoir le cœur net, le chef de guerre leur impose la « boucle du loup » : il accélère, gravissant lestement la montagne, revient discrètement sur ses pas par le flanc et se retrouve non plus devant eux, mais derrière. L'effet de surprise est total. Guelaïev ouvre le feu sur les deux gardes-frontières fédéraux et les tue mais l'un d'eux a le temps de répliquer et le blesse au bras gauche. Le chef de guerre perd son sang abondamment mais reprend

1. Zelimkhan Iandarbiev, dont Moscou n'a cessé de réclamer l'extradition, est assassiné le 13 février 2004 par deux agents russes à Doha, où il s'était réfugié en 2000.

son chemin. Près d'un kilomètre plus loin, ses nerfs cisaillés et ses os fracturés provoquent d'insoutenables douleurs, l'homme s'affaisse dans la neige, dos contre un arbre. Vétéran de la première guerre de Tchétchénie et de celle d'Abkhazie en 1993 [1], Rouslan Guelaïev est un combattant aguerri qui s'est maintes fois retrouvé face à des hommes implorant qu'on coupe leur membre blessé pour les apaiser. En ce 28 février 2004, il sait qu'il n'a pas le choix et s'ampute lui-même avec son poignard. Avant de s'endormir pour ne plus se réveiller, Guelaïev enterre son bras à ses côtés. Ce rituel accompli, il plante la pointe de son poignard dans le sol et ferme les yeux. Quelques heures plus tard, d'autres gardes-frontières dépêchés sur les lieux retrouvent « l'ange noir » adossé à l'arbre, mort [2]. Dans sa bouche, un carré de chocolat, preuve, dit-on, qu'avant son trépas, l'homme se concentrait pour reprendre des forces.

L'héroïsme et la dignité dans la mort de Rouslan Guélaïev impressionnent les militaires russes, les premiers à informer de son décès, qui diffusent même une

1. À la suite de la déclaration d'indépendance de l'Abkhazie, une région de Géorgie, de 1992 à 1993 un conflit oppose l'armée fédérale russe, qui soutient des séparatistes abkhazes, à l'armée géorgienne. Depuis, l'Abkhazie est une République indépendante reconnue seulement par cinq pays : la Russie, le Nicaragua, le Venezuela, Nauru et Tuvalu, ainsi que le Vanuatu.

2. Cf. « Le chef de guerre tchétchène Guelaïev aurait été tué au Daguestan », *Le Monde*, 1er mars 2004.

photo du combattant assis sous l'arbre. Tout le monde en Russie a préféré l'oublier, mais, avant l'Ukraine, un autre peuple a longtemps et férocement combattu l'armée russe pour que son identité ne soit pas niée : les Tchétchènes. En vain. Plus de vingt années ont passé et l'invasion de l'Ukraine par la Russie me replonge dans le souvenir de cet affrontement sanguinaire.

« Si la Russie perd, la Tchétchénie se séparera de la Fédération et ce sera un désastre »

Automne 2022. En s'ouvrant, la double porte métallique de l'ascenseur fait apparaître l'ample chevelure rousse et la frimousse de Petimat avec qui j'ai vécu en Tchétchénie quand elle était adolescente pendant la guerre. Nous nous serrons dans les bras jusqu'à tituber. Je ne l'ai pas revue depuis que nous nous terrions chez son père, dans le village d'Alkhan-Kala, sous des bombes russes, voici vingt ans. Aujourd'hui Petimat a trente-cinq ans. Au dix-huitième étage de cet immeuble de la banlieue nord de Moscou, la table est mise dans la cuisine. Sachant que je ne mange plus de viande, Larissa, trente-sept ans, l'une des sœurs aînées de Petimat, m'a préparé un plat végétarien. Je fais la connaissance de son mari, Ali, contremaître sur des chantiers de construction russes, qui s'apprête à voyager vers Marioupol, en territoire ukrainien occupé, avec son chef, un Russe dont l'entreprise a été choisie pour la reconstruction de la ville. De temps à autre, Larissa et moi nous éclipsons sur le balcon fumer une cigarette, une entorse à la bonne conduite tchétchène, mais Ali fait semblant de ne rien voir. Si le rêve de Petimat serait d'ouvrir une onglerie à Grozny, la capitale tchétchène, pour le moment elle réside à Moscou avec son mari et deux enfants. Leila, quarante ans, l'aînée des quatre sœurs, et la cadette, Elina, trente ans, de passage dans la capitale où habitent leurs deux sœurs, participent à ce dîner de retrouvailles. Leur père mort, leur mère est restée à Grozny. Ici à Moscou, toutes quatre se sentent « libres », vraiment « pas comme à la maison ». Ici, insistent-elles, personne ne les contrôle, aucun voisin ne s'intéresse à leur vie, une situation impensable en Tchétchénie, surtout pour des filles.

La guerre en Ukraine déplaît aux quatre sœurs qui m'assurent qu'en Tchétchénie, elle n'est pas populaire, même si personne n'en parle ouvertement. Là-bas, la propagande en faveur de la guerre et du soutien « vital » des Tchétchènes aux forces russes est si sournoise que Larissa est persuadée que les *kadyrovtsy*, ces hommes de main fidèles à Ramzan Kadyrov, l'homme de fer de la République, vont en Ukraine pour distribuer de l'aide humanitaire à tous les Ukrainiens ! Comprenant qu'ils se cantonnent au « côté russe », la jeune femme tombe des nues. Toutes quatre me racontent les cercueils revenant du front toujours plus nombreux, les enterrements qui se multiplient dans les villages. Sachant que je reviens d'Ukraine, elles me pressent de questions, espérant, comme lorsque les bombes russes tombaient sur nos têtes vingt ans plus tôt, que je serai en capacité de leur apporter des réponses ; elles s'imaginent que cette nouvelle guerre peut être stoppée d'un coup de baguette magique et me questionnent aussi sur la mort tragique de leur père en 2000. Gênait-il les Russes [1] ? Les filles étaient si jeunes et tout était si violent. « Plus personne ne se souvient de Papa », souffle l'aînée, réaliste.

Quand Ali pénètre dans la cuisine, toutes les quatre opèrent un imperceptible mouvement vers le haut, marquant ainsi leur respect envers un homme plus âgé. Ces traditions tchétchènes m'avaient autrefois interloquée, je m'étais habituée. Ali s'assied et nous dînons. Le mari de Larissa a fait de la prison pendant la première guerre de Tchétchénie. Aujourd'hui, il soutient Vladimir Poutine : son avis diffère de celui de son épouse et de ses belles-sœurs. « La meilleure défense, c'est l'attaque, soutient-il. Parce que si la Russie se disloque, ce sera sa fin, et la fin aussi peut-être de la Tchétchénie et du calme qui y règne aujourd'hui. »

1. J'ai relaté l'histoire de cette famille dans mon livre *Chienne de guerre*, paru en 2000 chez Fayard. À cinquante-deux ans, le 5 décembre 2001, ce médiateur entre le camp russe et le camp tchétchène a été assassiné lors de l'explosion de sa voiture alors que des négociations semblaient dans l'impasse.

Nous avons le même âge alors Ali me tutoie, se remettant à me vouvoyer dès qu'il évoque la guerre, comme si le sujet imposait un ton plus officiel. Pour nourrir sa famille, Ali trime loin de la Tchétchénie, sur des chantiers peuplés d'ouvriers qui en viennent, il refuse de s'impliquer dans des escroqueries en tous genres pour ne pas se faire remarquer des autorités russes, et se réjouit de réussir à demeurer en dehors de l'influence des hommes de Kadyrov, « même si c'est difficile, ils viennent jusqu'à Moscou pour nous obliger à payer un tribut ! ». Ali sait aussi qu'en Tchétchénie, aucune famille n'a été épargnée par les deux campagnes militaires, d'où le silence : chacun connaît le prix de la guerre et celui de la résistance. « La Russie nous permet de construire des mosquées et d'honorer nos traditions, soupire-t-il. Voilà pourquoi on doit la défendre », souligne-t-il devant les filles médusées. « Ramzan Kadyrov construit des salles de sport pour nos jeunes, il leur offre beaucoup, avant tout la paix. Nous n'avons pas de drogués, y a pas de soûlards dans les rues, tu peux laisser ta voiture garée avec les clés dessus en plein centre de Grozny, personne ne te la piquera, personne ne distribue de pots-de-vin, la discipline est encore plus sévère qu'à Moscou ! C'est soit ça, soit le chaos… Là-bas, tout le monde le redoute, comme ici on craint Poutine. C'est le même système en plus féroce », résume-t-il en engloutissant des pilons de poulet. Devant les filles perplexes (jamais ils n'abordent ces sujets entre eux, seule ma présence a provoqué cette discussion), Ali poursuit :

« L'obsession de Ramzan est d'anticiper ce qui pourrait se passer chez nous après Poutine. Il suffirait d'une étincelle pour que la guerre reprenne, on sait bien que les Russes ne nous aiment pas. » La fraternité russo-tchétchène affichée pour l'invasion de l'Ukraine est une illusion, Ali le sait et en souffre, mais il préfère cette posture à la guerre sur sa terre. Sur ce point, Larissa, son épouse, approuve : les Russes sont « chauvins » et rechignent à louer leurs appartements à d'autres que des Slaves. « Si la Russie perd, la Tchétchénie se séparera de la Fédération et ce sera un désastre », croit savoir Ali, convaincu que cette guerre conserve la Fédération. L'angoisse de la dislocation de la Fédération de Russie et le spectre du chaos en terre tchétchène motivent-ils le soutien de la Tchétchénie à la guerre en Ukraine ? Elina, la cadette longiligne et ténébreuse, est la seule à tenir ouvertement tête à son beau-frère : elle affirme que la population tchétchène est contre cette guerre. Du haut de ses trente ans, et même si elle est célibataire (une « tare » en ce pays), la jeune femme rétorque qu'elle vit sur place, pas lui. Le ton monte. Ali accepte sa repartie parce qu'il s'agit de la petite sœur de sa femme et que cette famille moderne autorise un jeune à donner son avis face à une personne plus âgée. Je suis fière de l'attitude digne et ferme d'Elina qui, dans mon souvenir, n'était qu'une enfant, la dernière et la préférée de son père pendant ces atroces mois de l'automne-hiver 1999-2000. « C'est nous le futur », ajoute-t-elle, malicieuse.

« Peut-être, mais votre opinion ne compte pas », reprend Ali, bien conscient que les règles de la vie en société tchétchène lui donnent raison. Tous deux se rejoignent sur l'absence d'idéologie de ce soutien. « De notre temps, on combattait les Russes sans rien, on n'avait que nos kalachs », rappelle Ali, laissant poindre une certaine jalousie envers les Ukrainiens, qui, eux, se battent avec le soutien du monde occidental. « Tu racontes ça comme si t'avais fait la guerre », se moque gentiment son épouse, qui, elle, a vécu ces sombres mois sous les bombes russes. On rit en concluant que Ramzan Kadyrov a besoin de la Russie pour exister. « La guerre m'a volé mon enfance et m'a pris mon père, poursuit Elina, renfrognée. J'ai mis dix ans à m'en remettre, et là, avec cette guerre en Ukraine, j'accepterais qu'on me vole le reste de ma vie ? » La jeune femme est furieuse. Son beau-frère, lui, n'admet pas la possibilité que la Russie perde et s'auto-convainc qu'à la fin, un gouvernement pro-russe sera mis en place en Ukraine. À cette évocation, les filles écarquillent les yeux et dodelinent de la tête en signe de dénégation. Ali va encore plus loin : il se demande pourquoi l'Occident aide l'Ukraine et pas la Russie ! « Pour moi, c'est l'Occident qui est fautif. Les accords de Minsk [1] n'ont pas été respectés par l'Ukraine. S'ils avaient été respectés, les

1. Qui ont scellé, en septembre 2014 (Minsk I), puis en février 2015 (Minsk II), le cessez-le-feu entre la Russie et l'Ukraine dans le Donbass, sous l'égide de la France et de l'Allemagne.

Occidentaux auraient stoppé cette nouvelle guerre au lieu de l'attiser », martèle-t-il.

Quel plaisir de retrouver les filles ! Dans le taxi de retour vers le centre de Moscou, je reçois des messages de Leila et Petimat me remerciant d'avoir fait revivre leur enfance. En y réfléchissant, je comprends pourquoi Ali a tenu ce discours pro-russe : en tant qu'adulte tchétchène, il lui est difficile d'envisager que les Ukrainiens puissent vaincre les Russes, en d'autres termes que les Ukrainiens réussissent là où les Tchétchènes ont échoué. Et mentalement plus confortable de croire que la Russie est invincible, une réaction psychologique de déni que la jeune Elina, qui ressemble tant à son défunt père, ne peut accepter.

« Ici, chacun sait qui a vendu son âme et qui a fait preuve de courage »

Mon rapport à la Tchétchénie est ancien : c'est la terre où j'ai vécu le feu de la guerre pour la première fois, celle de ma première arrestation par des agents du FSB, de mon premier interrogatoire, puis, en 2004, de ma tentative d'enlèvement. Même si, au fil du temps, certaines de mes sources se sont exilées en Europe ou aux États-Unis, je n'ai jamais abandonné la Tchétchénie. En ce printemps 2023, j'y retourne pour la première fois depuis le déclenchement de la guerre entre la Russie et l'Ukraine.

À Alkhan-Kala, en pénétrant dans la chambre d'invités de la maison de Khassan Baiev, l'héroïque chirurgien que j'avais vu, sous les bombes, opérer civils, combattants indépendantistes et soldats russes par dizaines, je me souviens d'y avoir déjà dormi une nuit lors de mon dernier voyage en 2014. J'avais rejoint Grozny en minibus depuis une gare routière de Moscou, mêlée à d'autres passagers, pour la plupart des commerçants, afin de ne pas être immédiatement identifiée à l'aéroport. Mon passage avait coïncidé avec un événement dramatique et violent qui avait duré plusieurs heures : tôt le matin du 4 décembre 2014, le jour même du discours annuel de Vladimir Poutine devant le Conseil de la Fédération, à Grozny, des combattants islamistes avaient fait exploser une voiture de police puis s'étaient retranchés dans la maison de la presse. Des tirs d'armes lourdes et de mitrailleuses avaient retenti dans le centre de la capitale, investi par des blindés. Résultat de l'opération revendiquée par l'« émirat du Caucase » : 10 morts, dont 7 du côté des assaillants et 28 blessés parmi les forces de l'ordre, preuve qu'en 2017, Ramzan Kadyrov ne contrôlait pas encore complètement sa République. Depuis, les services de police sont devenus plus répressifs et plus disciplinés afin d'éviter ce genre d'incident.

Cette année-là, mon ami le chirurgien Khassan Baiev, premier ressortissant tchétchène à avoir reçu l'asile politique aux États-Unis [1], convole en secondes noces. Sa première épouse, qui réside aux États-Unis avec leurs quatre enfants, a fini par accepter sa décision, Khassan passant davantage de temps en Tchétchénie qu'aux États-Unis où il n'est jamais parvenu à vivre serein. Lorsque je retrouve le « jeune couple » en ce printemps 2023, Rita, trente ans, sa deuxième épouse, chirurgienne comme lui, doit accoucher dans une dizaine de jours d'un garçon, le septième enfant de Khassan, qui a la soixantaine. « Pour que notre peuple reste fort, il faut faire des enfants », m'assure-t-il.

En contre-haut de la rivière Sounja, le village d'Alkhan-Kala n'a pas échappé à la fièvre de rénovation : en Tchétchénie, presque toutes les maisons individuelles de brique rouge sont reconstruites. Les échoppes sont pimpantes, le café-billard « Cartel Steak & Grill Bar » égaie la rue principale et tous les carrefours sont décorés de portraits de Kadyrov père. Les routes sont asphaltées, ce qui n'était pas le cas auparavant. Les seules maisons où les stigmates de la violence de la guerre sont encore visibles appartiennent à des Tchétchènes partis en Europe qui ne s'en soucient plus. Je demande à Khassan de m'emmener devant l'hôpital où, vingt-trois ans plus tôt, par une matinée glaciale,

1. Khassan Baiev a raconté sa vie romanesque et mouvementée dans *Le Serment tchétchène ; un chirurgien dans la guerre*, écrit avec Ruth et Nicholas Daniloff, J.-C. Lattès, 2005.

nous avions lui et moi assisté à l'afflux de plusieurs milliers de combattants indépendantistes quittant la capitale assiégée par les Russes, blessés, morts ou mourants. L'hôpital n'a pas changé. Le bâtiment où j'ai passé des heures terribles était resté gravé dans ma mémoire, notamment sa porte d'entrée protégée par une marquise, mais j'avais oublié ses abords, comme si seul le cœur de l'horreur, et non la façon dont j'avais marché jusque-là, s'était imprimé en moi. Je n'ai pas oublié les corps figés à même le sol dont je retournais chaque visage pour vérifier si l'un d'eux était Chamil Bassaïev, le chef de guerre tchétchène alors recherché par tous les services de sécurité russes, ainsi que les yeux concentrés de Khassan et ceux de son assistante, croisés à travers la porte entrebâillée pendant l'amputation. Être témoin de cette scène m'a permis de confirmer la présence de Bassaïev et de publier cette information (ce scoop) sous embargo [1]. J'ai vu le docteur Baiev amputer sans anesthésie sa jambe dans une pièce sans électricité, sur une civière de fortune. Le visage du leader indépendantiste, stoïque, était gris de douleur. Quelques heures plus tard, emmené précipitamment sur un traîneau de fortune par ses combattants, il disparaissait vers le sud, échappant aux bombardements russes sur le village dans lequel j'étais restée.

1. Cf. « 2 février, le martyre aux portes de Grozny… », *Libération*, 22 février 2000.

Lorsque nous stoppons la voiture un instant devant l'entrée, Khassan m'enjoint de rester à l'intérieur pour ne pas attirer l'attention, mais, déjà, des mains tirent les rideaux à l'étage, on nous regarde, sa voiture est reconnue. Nulle plaque explicative ou commémorative sur la façade, comme si cet endroit n'avait été le théâtre d'aucun moment clé de la guerre entre Russes et Tchétchènes, comme si, par deux froides matinées de janvier 2000, deux vagues d'un millier de combattants indépendantistes ne s'y étaient pas succédé, marquant le tournant de la guerre. « C'était l'épicentre, lâche Khassan, dépité. Cet endroit devrait être un musée. »

La veille, quittant sous une pluie tiède le parking de l'aéroport où il était venu me chercher, le chirurgien avait tenu à passer par le centre de Grozny pour me montrer sa future clinique dont la construction vient d'être achevée : au cinquième étage, ce seraient des chambres d'hôtel, au sixième, une vaste salle de conférences. Pour l'heure, le bâtiment reste vide car Khassan manque de « sponsors ». Les autorités lui ont bien proposé de l'aide mais le médecin préfère garder ses distances. Khassan aurait pu opter pour une carrière lucrative aux États-Unis et ne jamais revenir mais le mode de vie américain est trop éloigné de la nature, trop « hypocrite » à ses yeux. « Ça me perturbait de vivre en Amérique en pensant à ceux qui avaient besoin de moi ici. » Aujourd'hui, son obsession est la transmission. Après être devenu citoyen américain en 2011,

Khassan a séjourné de plus en plus longuement en Tchétchénie, opérant gratuitement des mineurs souffrant d'anomalies de naissance ou de tumeurs visibles. Rapidement, son positionnement est devenu problématique : personnalité connue en dehors des frontières tchétchènes et russes, il s'est mis à éviter de se rendre aux nombreuses invitations de mariage et limiter ses sorties dans les endroits publics. Héros intègre et sensible ayant vécu le pire et sauvé des centaines de vies, il refuse de s'exposer. « Ici, chacun sait qui est qui, qui a agi comment pendant la guerre, qui a vendu son âme et qui a fait preuve de courage », assure-t-il, laconique. De ministre à directeur d'hôpital, toutes sortes de fonctions lui ont été proposées. Plutôt que d'accepter honneurs et avantages en nature en échange du soutien au pouvoir en place, il a tout refusé, et surtout de s'impliquer en politique. « Je suis pour la paix, le ciel bleu et la joie de vivre. La vie est si courte, inutile de perdre son temps à combattre, je suis contre toute violence ! » répète le chirurgien dans la maison parentale d'Alkhan-Kala, bombardée et reconstruite à trois reprises.

Depuis l'invasion de l'Ukraine, le pouvoir de Ramzan Kadyrov semble à son zénith et il se dit même que certains gouverneurs de provinces russes viennent parfois jusqu'ici prendre conseil auprès du dirigeant tchétchène comme auprès d'un vieux sage. Ces mêmes rumeurs affirment aussi que, craignant le kidnapping, les deux filles de Vladimir Poutine se seraient un temps réfugiées à Grozny sous sa protection suprême. Tout cela est impossible à vérifier mais la seule propagation de ces fables nourrit le lien entre le président tchétchène et le président de la Fédération dans la psyché populaire. « Tu ne peux pas imaginer le temps infini que Ramzan passe à recevoir les uns et les autres », ajoute Khassan, qui a rencontré par hasard le ministre de l'Intérieur de la République en m'attendant à l'aéroport. Sans savoir que nous nous connaissions, ce dernier a immédiatement évoqué l'arrivée d'une journaliste française. Il est reparti rassuré : hôte de Khassan Baiev, « la Française » ne devrait pas être trop livrée à elle-même. Khassan a aussi reçu un coup de fil inquisiteur du directeur de la télévision d'État locale avec qui j'avais échangé la veille. Tous sont au courant de ma venue et je n'ai rien à cacher, pas même le fait que je connais parfaitement cette terre où j'ai failli perdre la vie et vu tant d'êtres humains perdre la leur, alors que bien de ces ministres et autres fonctionnaires du régime de Kadyrov ont fui les bombes russes. Où étaient-ils ? Pour la plupart enfants, ils vivaient en sécurité hors de la République. Plus de vingt ans ont passé, une autre guerre est d'actualité mais je n'ai rien oublié. Eux non plus. Ils savent la férocité de ce qui s'est passé. Ici encore plus qu'ailleurs je suis une gêneuse, mais plus ou moins respectée, à qui l'on sait gré d'avoir narré là-bas, dans cet Occident aujourd'hui officiellement honni, la détermination, le courage et les souffrances des combattants, la force mentale des femmes et le respect des anciens, bref, fait connaître le peuple tchétchène. Dans la nuit paisible, la capitale dans les ruines de laquelle j'ai vécu scintille de mille feux. « Personne ici ne parle jamais de tout cela », souffle Khassan. Et pour cause, rebâtie sur le sang de deux guerres, la ville s'est redressée et revit grâce à la manne financière de ceux-là mêmes qui l'ont ensevelie.

« On est encore tous esclaves de ce système féodal »

Passé le monument soviétique glorifiant l'amitié entre les peuples russe, tchétchène et ingouche, surnommé les « Trois Idiots [1] » par la population, on se retrouve au cœur de la ville, celle qu'il n'est pas même besoin de nommer : la capitale. Après les deux campagnes militaires sanglantes qui ont opposé l'armée fédérale russe aux séparatistes tchétchènes [2], une architecture à la mode du Golfe a surgi des gravats. Quasiment détruit en 2000, ce monument m'avait toujours servi de point de repère au début de l'ex-avenue Lénine, aujourd'hui nommée Vladimir-Poutine. Alentour, tous les bancs du « square des journalistes » érigé face à la maison de la

1. Le monument désigne trois héros de la guerre civile bolchevique : le Russe Nikolaï Gikalo, le Tchétchène Aslanbek Cheripov et l'Ingouche Gapour Akhriev. Érigé dans les années 70, détruit au début de l'année 2000, il a été inauguré à nouveau en 2004.

2. De 1994 à 1996, puis de 1999 à 2009.

presse en l'honneur des journalistes vivants et de la mémoire des disparus – une gageure dans une République où l'indépendance des médias n'existe pas, et encore moins la liberté d'exprimer une opinion divergeant de la doxa – sont occupés par de jeunes couples discutant à bonne distance l'un de l'autre. Guerre ou paix, la façon « autorisée » de draguer dans l'espace public reste immuable : personne ne se tient la main ni ne montre la moindre expression d'intimité. La jeune femme est voilée ou pas, mais si elle ne l'est pas, c'est qu'elle n'est pas musulmane, ou pas croyante, ce qui est rare et mal vu. Conformément aux principes de décence explicités sur des posters collés dans les bus convoyant les arrivants à l'aéroport, en Tchétchénie, les femmes non tchétchènes et non voilée doivent rester en tenues « correctes ». La femme a le choix de se couvrir totalement la tête pour ne laisser apparaître que son visage ou d'orner ses cheveux d'un bandeau plus ou moins large. La plupart des jeunes filles portent une jupe ample battant leurs chevilles, jamais au-dessus du genou et jamais moulante, sauf s'il s'agit d'une tunique hyper couvrante, laquelle rend paradoxalement très sexy les silhouettes aux formes avantageuses. Je croise aussi quelques rares jeunes filles vêtues d'un pantalon et d'un sweat-shirt. Deux jeunes garçons me demandent leur chemin. Jamais ils ne se seraient adressés à une fille de leur âge : à ma tenue, ils ont repéré que je ne suis pas musulmane et pensent que je suis russe.

Dans la Tchétchénie de Ramzan Kadyrov, anciennes traditions et vent de modernité venu de Moscou cohabitent. Entre deux mosquées se nichent des magasins d'alimentation « bio » ou des coffee-shops à l'anglo-saxonne où l'on peut choisir son lait (de vache, de soja, aux amandes ou sans lactose) avant d'être appelé pour venir chercher sa consommation. Par respect pour les anciens, ni les hommes, et encore moins les femmes, ne fument ou ne boivent dans l'espace public [1]. Après le déclenchement de la guerre en Ukraine, 300 000 touristes, pour la plupart russes ou originaires des pays du Golfe, ont visité la Tchétchénie, un chiffre que les autorités locales disent en augmentation. Attirées par ce style de vie « sain et sobre », où le taux de criminalité et de drogués est minimal – surtout en comparaison avec d'autres régions de la Fédération –, de nombreuses familles russes sont venues s'installer en Tchétchénie alors que la République n'abrite ni bar de nuit ni discothèque (mais ses adolescents et jeunes adultes savent s'organiser pour aller boire et danser dans la république voisine du Daguestan, plus laxiste). Mon amie Zeynab, soixante ans, la mère des quatre sœurs revues à Moscou, apprécie cette émancipation. Elle aimerait être jeune aujourd'hui, quand les femmes divorcées sont autorisées à s'installer dans un appartement en ville avec leurs

1. L'alcool n'est officiellement autorisé que dans trois endroits pour toute la République.

enfants, alors que la tradition tchétchène a toujours imposé qu'en cas de divorce, les enfants restent avec le mari et sa famille à lui, coupant quasiment les liens avec la mère, ce dont sa fille aînée a considérablement souffert. Selon Zeynab, les femmes tchétchènes ont davantage de droits qu'auparavant : elles peuvent s'exprimer librement au sein de leur famille, passer des heures à se pomponner chez le coiffeur ou dans les instituts de beauté qui se sont multipliés, arborer des ongles manucurés de n'importe quelle couleur, se faire livrer de la nourriture, se promener dans la rue sans chaperon, conduire, et même aller au restaurant seules ou avec des amies, autant de situations impensables à la veille de la dernière guerre. Si ces évolutions semblent minimes à nos yeux d'Occidentales privilégiées, en Tchétchénie elles sont considérables. « Tant qu'elle se soucie avec la même intensité de son foyer, il ne sera jamais reproché à une jeune femme de s'occuper d'elle, mais gare à celle qui le négligerait ! Quand mon mari était vivant, se remémore Zeynab, je n'avais pas le droit de me reposer une seconde, ni de paraître fatiguée ou pas apprêtée. Je devais être parfaite en toutes occasions, même en pleine guerre, tu te souviens ? » Comment aurais-je pu oublier la beauté de Zeynab sous les bombes, quand, apeurées, nous survivions blotties les unes contre les autres à la table de la cuisine, sans eau ni électricité, et qu'elle apparaissait fardée, coiffée et vêtue comme si les bombes ne grondaient pas, comme si chaque jour la verrait à nouveau séduire l'homme avec qui elle s'était mariée vingt ans plus tôt, à qui elle avait donné quatre filles mais aucun garçon.

Elina est revenue à Grozny après le dîner à Moscou chez ses sœurs. Responsable de deux comptes Instagram pour des magasins d'ameublement privés de la capitale, parce qu'elle est célibataire, elle vit encore chez sa mère. Farouchement opposée au port du voile, la jeune femme couvre cependant sa chevelure d'un fin tissu lorsqu'elle se rend en minibus à son lieu de travail pour ne pas être dénoncée ni importunée. Ce matin, Elina enrage parce que son chef, ignorant en matière de réseaux sociaux, exige qu'elle efface la musique accompagnant ses posts précédents, et même qu'elle remplace sa voix par celle d'un homme, pour un résultat « plus convenable ». Elina refuse de limiter sa vie à ces normes qu'elle estime dépassées. À la différence de sa mère, elle estime que les relations homme-femme sont loin de s'être améliorées. « J'en peux plus de ces fanatiques islamistes comme mon chef, qui prétend m'apprendre à vivre ! On est encore tous esclaves de ce système féodal ! » lâche la jeune femme en contenant ses larmes. Pour que sa vie « ressemble à quelque chose », Elina rêverait de vivre chez une de ses sœurs aînées à Moscou. Elle étouffe en Tchétchénie où les guerres l'ont privée de son père, lui ont volé son enfance et sa vie de femme. Je me fais du souci pour elle. À trente-deux ans, Elina est encore jeune, mais ici on la considère comme une vieille fille. Elle mérite de vivre différemment. Le pourra-t-elle ?

« L'Europe a joué les faux-culs quand les Russes mettaient en œuvre leur génocide »

De nombreuses années après la fin du conflit entre la Russie et la Tchétchénie, bien des non-dits subsistent. Les Russes considèrent avoir gagné la guerre, mais pour les Tchétchènes, c'est l'inverse : ce sont eux qui ont gagné ! La main de fer de Ramzan Kadyrov calme la République mais des heurts risquent d'éclater à tout moment. Tous les matins, un nombre impressionnant d'employées municipales en gilet jaune passent récupérer les poubelles de la rue piétonne Esambaïeva, ainsi nommée en l'honneur d'un poète tchétchène décoré sous l'Union soviétique. Ces femmes sont en charge de la propreté de la voirie. Dès l'ouverture du café où je prends mes petits-déjeuners, une femme à la chevelure dissimulée sous un foulard, balaie puis lave à grande eau chaque centimètre de la terrasse où je croyais être tranquille. Pendant la guerre, déjà, j'avais remarqué cette obsession des Tchétchènes pour la propreté. À Grozny ou ailleurs, pas un papier ne macule le sol, même lorsqu'il y a foule. Cette femme de ménage me semble à elle seule personnifier la fierté de sa République : deux guerres ont décimé son peuple qui, stoïque, s'est relevé. En la regardant s'agiter, je me remémore ces phrases entendues quand je vivais ici : « Nous, Tchétchènes, aimons le travail et nous en sortirons toujours grâce à cette volonté. » Bien plus tard, lors de ma longue enquête en France quelques mois avant la révolte des Gilets jaunes, des Tchétchènes exilés à Évreux m'avaient lancé le même message. « Les Français ne trouvent pas de boulot parce qu'ils sont "fatigués", confiaient-ils à propos de mes concitoyens, nous, on n'a aucun problème à en trouver [1] ! »

En me hâtant sur le trottoir, je dépasse une jeune femme voilée de la tête aux pieds d'un foulard crème noué à la mode de Dubaï, sans un cheveu qui dépasse, son corps dissimulé sous une ample tunique ressemblant à une abaya irakienne. Écouteurs vissés dans les oreilles, la jeune femme est en pleine conversation téléphonique et sans le vouloir, j'entends ce qu'elle dit, et, surtout, la langue dans laquelle elle parle : le français ! Surprise, j'ose l'interrompre. Elle non plus n'en revient pas et nous décidons de prendre un verre dans une boulangerie-salon de thé. Aïsha, vingt-neuf ans, est française, et si elle foule la terre tchétchène, c'est pour s'y marier : dans deux jours, lors d'une cérémonie religieuse organisée par sa belle-famille, elle épousera en son absence [2] et religieusement un Français d'origine tchétchène. D'ici là, il lui faut dénicher une robe de mariée. Je lui conseille un somptueux

1. Cf. Anne Nivat, *Dans quelle France on vit*, Fayard, 2017, p. 34-35.

2. Ainsi que l'accepte la tradition, le mari a le droit de ne pas être présent. Il est resté en France.

modèle aperçu en vitrine le matin même. Le doux visage d'Aïsha, sans maquillage, irradie, ses sourcils sont épilés avec un naturel qui tranche sur les canons esthétiques locaux. Aïsha a émigré vers la France à moins de cinq ans et ses parents ont divorcé peu après leur arrivée dans l'Hexagone. Après ses études, elle déménage en Belgique flamande où la jeune femme se voile « sans que ça provoque plein de problèmes » comme en France. Elle s'y marie avec un Français de son âge et « de bonne famille » (traduire « blanc » et non musulman) rencontré à son travail. Malgré deux enfants en bas âge, l'union capote. « La religion n'avait aucune importance pour lui, alors que pour moi elle compte de plus en plus », explique la jeune fille tout en savourant un croissant « à la française ». Réinstallée en banlieue parisienne, Aïsha fait la connaissance d'un Tchétchène de dix ans son aîné, père d'un enfant qu'il a élevé seul. Son futur mari. « Avec lui, je suis sereine, et j'ai besoin de ce sentiment d'évidence », confie-t-elle. Le couple amoureux revendique son identité tchétchène qui sert de refuge. Si le mariage religieux se déroule au pays, l'union administrative se fera plus tard en France. Ignorante des détails des traditions tchétchènes, Aïsha les découvre sur place avec plus ou moins de surprise. Elle a accepté de venir par respect pour son mari et sa belle-famille mais sera contente de repartir : jamais la jeune femme ne pourrait vivre ici. Si la guerre en Ukraine ne la préoccupe guère, tout de même, le conflit révolte la future mariée. « L'Europe a joué les faux culs quand les Russes mettaient en œuvre leur génocide…, concède-t-elle. Ça devait éclater depuis longtemps. » Quant à son futur mari, tant que durera cette guerre, il refuse de revenir sur la terre de ses ancêtres.

« On doit renforcer notre indépendance. On l'a obtenue au prix fort mais elle est insuffisante ! Il faut la défendre en permanence, elle doit être notre priorité absolue ! »

Sur le parking d'un gigantesque supermarché, derrière le carrefour de la Minoutka, un autre de mes repères géographiques datant de Grozny en guerre, je retrouve Anzor, rencontré en 1997 lors de mon tout premier voyage en Tchétchénie. Une fontaine aux lumières kitsch trône aujourd'hui au centre du carrefour mais, dans mon esprit, la Minoutka reste ce gigantesque rond-point où le paysage semblait s'être affaissé d'un coup, faisant office de gare routière improvisée d'où je montais ou descendais furtivement de voiture. C'était la dernière grand-place avant le tunnel (toujours présent) sur l'avenue menant au centre de cette ville qui, alors, symbolisait le désespoir sur Terre. Depuis toutes ces années, je n'ai jamais revu Anzor mais je le reconnais dès qu'il sort de son véhicule. Mince et élancée, sa silhouette n'a pas changé. À moins de trente ans, j'étais alors employée par l'Institut de recherche de la radio américaine RFE-RL [1] qui m'avait envoyée en janvier 1997 couvrir l'élection présidentielle en Tchétchénie indépendante. Ce scrutin avait porté au pouvoir Aslan Maskhadov [2], un redoutable chef de guerre indépendantiste avec qui j'ai entretenu une correspondance par cassettes audio interposées alors qu'il se cachait. Je les lui faisais parvenir par trois messagers au moins, ce qui ralentissait notre dialogue, le hachait, le disloquait, mais lorsque j'entends aujourd'hui retentir dans un magnétophone miraculeusement conservé sa voix posée, cherchant ses mots pour répondre quasi scolairement à ma liste de questions dans un silence rendant plus impressionnant encore le claquement de chacun de ses pas sur un sol apparemment carrelé, l'émotion me submerge. Plus intensément qu'à l'époque, je ressens aujourd'hui la détresse qui a dû être la sienne, la profonde solitude de l'homme traqué jusqu'à sa mort [3].

Lors de ce voyage organisé avec une délégation d'observateurs indépendants en janvier 1997, Anzor

1. OMRI, Open Media Research Institute, l'institut de recherche dépendant de Radio Free Europe/Radio Liberty encore présente à Prague, en République tchèque, où j'ai vécu trois ans.

2. Cf. Anne Nivat, « Freedom Is Their Goal », *Transition*, 21 mars 1997, p. 35-41.

3. Aslan Maskhadov, troisième président indépendantiste, est mort assassiné par les forces spéciales russes le 8 mars 2005 dans le village de Tolstoï-Iourt, en Tchétchénie. Ainsi, les trois présidents indépendantistes tchétchènes ont tous été supprimés.

avait été mon garde du corps. Notre groupe était composé de quatre membres du Parlement polonais, dont une femme, et du curé orthodoxe russe excommunié Gleb Iakounine [1], dissident et farouchement anti-pouvoir. Nous avions observé le déroulement du scrutin dans plusieurs bureaux de vote de la capitale et dans la campagne. Si Anzor n'a rien oublié de cette journée, je ne me souviens de rien et je dois forcer ma mémoire. De retour en France, en feuilletant la revue américaine *Transition* publiée par RFE/RL récupérée dans un carton d'archives, je retrouve mon reportage et Anzor tel que je l'avais photographié alors : droit comme un I dans son uniforme-trophée volé à un Russe dont il avait remplacé l'insigne fédéral par la louve, symbole de l'Itchkérie indépendante, souriant face à mon objectif et formant le V de la victoire de sa main droite levée. En relisant ce reportage rédigé il y a tant d'années, je suis frappée par les propos lucides du président indépendantiste tchétchène de l'époque, Zelimkhan Iandarbiev, candidat malheureux à sa réélection [2], que j'avais interviewé dans son bureau spartiate du palais présidentiel où seuls trônaient le Coran en arabe et un téléphone

1. Gleb Iakounine (1934-2014), défenseur des droits de l'homme, ancien *zek*, prêtre orthodoxe excommunié en 1997 et député du camp démocrate au premier Parlement post-soviétique de 1990 à 1999.

2. Il était arrivé au pouvoir à la suite de la mort de Djokhar Doudaïev, le premier président indépendantiste.

satellite : « Même si, après cette longue guerre [1], mes compatriotes ont d'autres chats à fouetter, personne ne peut les accuser d'évaluer la situation actuelle à l'aune de leurs problèmes personnels. Le peuple ne veut pas seulement qu'on règle nos relations avec la Russie, la politique les passionne vraiment ! » commentait-il à propos de la « fatigue » vis-à-vis de la guerre de 1994-1996. Des propos que l'on pourrait entendre pour qualifier la situation entre la Russie et l'Ukraine aujourd'hui ! Sous pression pour annuler cette première élection présidentielle libre, Iandarbiev l'avait maintenue et m'exposait lucidement ses buts pour l'après-guerre : « On doit renforcer notre indépendance. On l'a obtenue au prix fort mais elle est insuffisante ! Il faut la défendre en permanence, elle doit être notre priorité absolue ! On va pas attendre que le monde nous nourrisse… La seule chose qui importe est de construire de bonnes relations diplomatiques avec le monde… et de bâtir notre relation avec la Russie comme avec n'importe quel autre pays ! Bien sûr, ça sera particulièrement ardu après cette guerre… » Prémonitoire, Iandarbiev affirmait aussi que si le conflit entre la Tchétchénie et la Russie venait à reprendre, ce ne serait pas du fait de la République caucasienne : deux ans plus tard, en octobre 1999, l'armée russe envahissait à nouveau la Tchétchénie.

---

1. Vingt et un mois.

Je demande à Anzor son avis sur Ramzan Kadyrov. Sans mot dire, il tend le cou vers son portrait démesuré qui orne une des façades de la place et grimace. Au-dessus de nos têtes, le chant strident et les rondes incessantes des martinets me replongent dans le passé : pendant la guerre aussi, ils tournoyaient joyeusement.

« *Puisque vous étiez là, vous avez vu les ruines et vous voyez où nous sommes aujourd'hui grâce à la Russie* »

Par deux ou par quatre, le plus souvent vêtues d'une ample tunique beige tombant droit sur les chevilles et d'un voile assorti, des jeunes filles à marier d'une vingtaine d'années déambulent bras dessus, bras dessous le long de l'avenue Poutine dans l'espoir de se faire repérer par un jeune homme avec qui, furtivement, elles échangeront un numéro de téléphone.

Dans le magasin Apple de Grozny où la marchandise, en dépit des sanctions, provient de Dubaï, l'atavique ordre social local est impitoyablement reproduit : d'un côté, les hommes boivent leur café, de l'autre, face à des pâtisseries, les filles leur jettent des regards dérobés. En cela, la jeunesse tchétchène ne diffère aucunement de la nôtre, également soumise à ces jeux de séduction. Par mimétisme avec le chef, les jeunes hommes portent tous une barbe fournie taillée en pointe. Les *krasovki*, ces baskets globalisées, ont remplacé leurs souliers de faux cuir autrefois pointus et manufacturés en Chine. Tous portent le même uniforme qu'ailleurs : pantalon de jogging et sweat à capuche. Lors de ses apparitions publiques, Ramzan Kadyrov, lui, arbore fréquemment une casquette dont la couleur est assortie à sa tenue du jour. Elle est siglée « Akhmat Sila [1] », en hommage à son père, ou alors « Akhmat Fight Club », en référence au club de sport portant le nom de son père. Ces « produits dérivés » sont en vente dans différents magasins de la capitale pour 24 euros.

Quand le ministre de l'Information et de la Politique nationale, un des plus proches conseillers du président Kadyrov, m'apprend que, le 8 mai, une nouvelle base militaire russe sera inaugurée non loin de la frontière ingouche et que Ramzan Kadyrov devra y apparaître accompagné d'un officiel russe, je m'organise pour m'y rendre avec un cameraman et un chauffeur de la télévision d'État. Tous deux ignorent mon rapport avec leur pays et s'en moquent, ils n'ont rien vécu de ces guerres. Aucun ne sait combien de temps la cérémonie va durer. « Ça dépendra de combien de temps on va l'attendre. » Qui ? « Le chef, pardi ! » Ils pouffent. D'un grand geste, le cameraman salue chaque policier croisé sur la route. À mi-chemin entre Grozny et Sernovodsk, le lieu de cette nouvelle base, trois panneaux publicitaires démesurés louent « la perfection et l'unité de Dieu » en trois

1. « Les forces d'Akhmat », prénom du défunt père de Ramzan Kadyrov, lui-même ancien président de la Tchétchénie.

langues (russe, tchétchène et anglais). Toutes les écoles des bourgs traversés ont été repeintes et reconstruites. Nous traversons Samachki, épicentre d'un sinistre massacre[1] pendant la première campagne russo-tchétchène. Partout, les maisons de brique rouge orangé sont flambant neuves. Des troupeaux de vaches et de moutons paissent en toute liberté. À l'entrée et à la sortie des villages, des portraits de Kadyrov père et de Vladimir Poutine ont été hissés sur des tours de pierre. Arrivés à Sernovodsk, nous sommes stoppés à un premier point de contrôle policier puis à un deuxième. Le niveau de déploiement des forces de l'ordre révèle la présence de dignitaires : quatre heures plus tard, un hélicoptère de l'armée russe dépose Ramzan Kadyrov et le vice-ministre de la Défense russe Timour Ivanov. Mon nom, affilié à celui du *Point*, est inscrit sur la liste des médias accrédités aux côtés de l'agence Tass et des chaînes de télévision d'État. Je suis la seule étrangère, qui plus est occidentale. Des groupes d'adolescents volontaires portent des T-shirt à l'effigie de Kadyrov père. Dans la cour, plusieurs centaines de militaires sont en rang face à la tribune officielle. Beaucoup se congratulent, il fait chaud, on distribue des bananes et des bouteilles d'eau minérale. Au fil de l'attente, certains déposeront leur

1. Selon Human Rights Watch et le Comité international de la Croix-Rouge (CICR), environ 250 civils ont été tués par les forces russes à Samachki entre le 7 et le 8 avril 1995.

lourd armement à terre, s'assiéront en s'adossant aux énormes roues des engins militaires, s'allongeront même sur l'asphalte brûlant. « J'ai vu tellement d'hommes mourir et beaucoup de ceux-là ne passeront pas l'été », m'avoue un soldat barbu désignant d'un coup de menton le groupe devant nous. Je lui pose ma sempiternelle question à propos de la victoire russe en Ukraine : pourquoi n'est-elle pas encore advenue, est-elle seulement possible ? Le soldat baisse les yeux et répond qu'il ne sait pas. Il n'a visiblement pas la force ou le désir de m'abreuver des habituels propos propagandistes. J'aimerais l'entraîner ailleurs pour discuter, là où personne ne nous verrait ni ne nous entendrait, mais c'est impossible. La frustration permanente fait partie de ce métier, surtout en reportage. La vaste cour militaire est encadrée de quatre bâtiments sur les murs desquels apparaissent, gigantesques, les portraits de Kadyrov père, Kadyrov fils, Vladimir Poutine et… Sergueï Choïgou, le ministre de la Défense russe. À 13 h 25, répétition générale avec orchestre. Parmi les journalistes locaux, quatre femmes en jupe longue font bien attention à se placer sur le côté « afin que Kadyrov ne les voie pas trop », m'explique un de leurs collègues masculins. Je suis la seule femme non voilée en pantalon, donc repérable immédiatement, à l'inverse des périodes où je vivais ici vêtue comme une femme tchétchène afin de me fondre dans la population. Le temps a passé, la Tchétchénie n'est plus en guerre et je n'ai plus aucune raison de modifier mon apparence physique. Cependant, je me sens moins à l'aise, scrutée en permanence. Alors que nous sommes encore en train d'attendre, je m'approche des femmes journalistes et demande à l'une d'elles si elle a l'impression, « dans ces conditions », de pouvoir travailler comme « une vraie » journaliste. Mes mots la vexent et je m'en veux immédiatement de les avoir prononcés, je ne voulais pas la blesser. « Ce serait tellement plus facile pour nous de travailler dans un autre environnement, s'énerve-t-elle, vous ne vous rendez pas compte de la chance que vous avez ! C'est beaucoup plus facile pour vous ! » La journaliste paraît envieuse de ma liberté et dubitative quant à mes capacités à comprendre ce qui se déroule ici. À mon tour d'être vexée : j'ai couvert les souffrances de son peuple à mes risques et périls. J'aurais aimé pouvoir lui détailler tout cela, prendre du temps pour que chacune expose sa vision du journalisme, mais, sur cette base militaire, je suis, moi aussi, sur la défensive, d'autant que n'importe qui peut nous entendre et nous dénoncer. Un bruissement interrompt notre échange, voilà que les soldats se relèvent, leurs armes cliquettent, ils prennent la pose, les têtes se tournent vers le fond où quelque chose est en train de se produire. Tout de beige vêtu, Ramzan Kadyrov fend lentement la rangée des volontaires, brandissant avec fougue les drapeaux à l'effigie de son père. Dans son sillage marchent le chef de la police, le ministre de l'Intérieur, celui des Infrastructures routières, le ministre des

Finances, un vice-ministre, un mufti, le jeune maire de Grozny, et un de ses neveux. Pour filmer la cérémonie, un drone bourdonne au-dessus de nos têtes. Pas imposant, l'air débonnaire, Kadyrov monte à la tribune. Il parle peu, se contente d'accueillir les gradés se succédant à ses côtés, qui commencent tous leur bref discours par une phrase d'hommage à son père. Pendant que j'écoute et prends des notes, un assistant du ministre de l'Information me demande à mi-voix quelle question je pourrais poser à Kadyrov « en fin de cérémonie, si l'occasion se présentait ». Ma question est prête. Je la lui livre : « Voici plus d'un an que la Russie a attaqué l'Ukraine, comment expliquez-vous l'absence de victoire militaire russe ? » Le fonctionnaire se fige : « Comment ça, "a attaqué l'Ukraine" ? » J'insiste sur le verbe « attaquer ». « Euh, peut-être, mais vous ne pouvez pas poser la question de cette façon, il faudrait modifier un peu. » Ça aussi, je l'avais prévu. Je reformule : « Voici plus d'un an qu'une guerre est en cours entre la Russie et l'Ukraine » ; la seconde partie de ma question reste inchangée. « Une guerre, une guerre, vous êtes sûre ? » Oui, je tiens au mot « guerre ». « Vous ne pourriez pas plutôt dire "opération militaire spéciale", non ? » « Non. » Je reste ferme : les journalistes et citoyens russes ont l'interdiction d'utiliser ce mot mais je suis une journaliste étrangère et il me semble que cette règle ne me concerne pas. « En France, mes lecteurs ne comprendraient pas que j'utilise un autre mot. Alors c'est soit cette question avec le mot "guerre", soit pas de question. » Le fonctionnaire disparaît. Finalement, son chef, le ministre Ahmed Doudaïev, accepte ma formulation tout en soulignant que si on me laisse poser une question, c'est parce qu'on sait que j'ai passé « beaucoup de temps ici, au moment où la République souffrait » et, surtout, parce que j'ai eu « l'honneur d'interviewer Kadyrov père [1] ».

Seules trois questions seront posées à Ramzan Kadyrov à sa descente de la tribune avant qu'il ne s'engouffre dans son convoi de 4 × 4 rutilants noirs. Il répond laconiquement à la première à propos de l'ouverture de la base ; la seconde est adressée au vice-ministre russe et la troisième est censée être la mienne, mais il esquisse déjà un pas vers sa voiture. Je finis par lui poser, en russe, ma question mille fois ressassée, omettant maladroitement son patronyme. Je suis mal à l'aise de devoir en même temps attirer son attention, soutenir son regard, écouter sa réponse et filmer la scène avec mon smartphone. Dans sa réponse, Ramzan Kadyrov pointe le rôle essentiel de la Russie, grâce à laquelle « on a gagné contre le terrorisme, complètement remis sur pied notre République et aujourd'hui on vit en paix », et justifie indirectement la participation active de dizaines de milliers de militaires tchétchènes dans la guerre contre l'Ukraine, notamment la prise de

1. Effectivement, l'interview avait eu lieu chez lui, en l'an 2000, pour *Libération*. Cf. « Tchétchène et pro-russe, le grand écart du mufti », *Libération*, 30 août 2000.

Marioupol au printemps 2022 par les *Ahmatsy*, les hommes du bataillon d'Ahmat, le nom de son défunt père, ainsi que l'envoi de plus de 22 000 tonnes d'aide humanitaire, un chiffre « supérieur » à celui de toutes les autres régions russes. « Vladimir Poutine aide le peuple tchétchène depuis plus de quinze ans », déclare souvent Ramzan Kadyrov, c'est ce qu'il choisit de me répéter, quand je l'interromps pour souligner que j'étais présente pendant la guerre entre les Russes et les Tchétchènes. « Puisque vous étiez là, vous avez vu les ruines et vous voyez où nous en sommes aujourd'hui, grâce à la Russie. Nous sommes donc prêts à défendre sa stabilité, ses frontières et à remplir n'importe quelle mission », m'assure-t-il, ses yeux devenus des fentes, sa voix quasi inaudible, étonnamment douce, tranchant avec le ton presque martial de ses posts sur Instagram. La soumission à l'ordre russe est claire et assumée.

La participation à la guerre en Ukraine est un djihad

Tristement labellisée en 2002 par l'ONU « ville la plus détruite au monde depuis la Seconde Guerre mondiale », Grozny a été déclarée en 2007 « la plus dynamique au monde », se rengorge Ahmed Doudaïev, le ministre de l'Information de Ramzan Kadyrov. Au début des années 2000, les planificateurs russes avaient prévu au moins quarante ans pour reconstruire la capitale. « Nous l'avons fait en vingt ans, grâce à tous ceux qui ont exécuté la volonté de Ramzan Kadyrov. Au début des années 2000, on comptait ici 200 mosquées ; il y en a aujourd'hui 1 400, toutes bâties grâce au Fonds Kadyrov, c'est-à-dire grâce à de l'argent privé », insiste-t-il. Le ministre est fier qu'ici les jeunes pratiquent tous le sport et qu'aucune jeune femme « ne se promène le ventre à l'air ». Il semble trouver cela vraiment important.

En attendant qu'il me reçoive et en l'absence de sa secrétaire, j'admire la dizaine de paires d'escarpins appartenant à cette dernière sagement alignées sous sa table de travail. Dans le vaste bureau de Doudaïev trônent un échiquier, deux colliers de prière, plusieurs télécommandes, l'ouvrage *Fascists* [1] de l'universitaire britannique Michael Mann et une photo encadrée où, en pleine nature, il serre la main du chef. Le ministre me montre aussi une sculpture posée à même le sol représentant une kalachnikov grandeur nature. Elle est constituée de fragments d'obus récupérés en Ukraine, c'est un cadeau de « héros » revenus du front. La première chaîne d'État est allumée sans le son. Quand Doudaïev s'éloigne un instant pour répondre à un appel téléphonique, son garde du corps surgit. Pas question de me laisser un seul instant sans surveillance.

Pendant la seconde campagne militaire contre la Russie, des combattants arabes venus de Jordanie et

1. Michael Mann, *Fascists*, Cambridge University Press, 2004.

d'Arabie saoudite (tel le chef de guerre Khattab [1]) avaient tenté d'introduire localement le salafisme, peu connu en Tchétchénie mais adopté par certains chefs de guerre dont Chamil Bassaïev [2]. La « prouesse » du président Ramzan Kadyrov et de ses communicants est d'avoir continué à soutenir le développement de l'islam traditionnel tout en captant les velléités d'islam radical. Résultat : aujourd'hui en Tchétchénie, l'islam respecte à la fois l'*adat* [3] et les saints, comme l'exige la tradition soufie, et reste puritain sur toutes les questions concernant le genre et les mœurs, rejoignant sur ce point la stricte position de Vladimir Poutine et de l'Église orthodoxe russe. Le tout mâtiné d'un rigorisme proprement local, comme, par exemple, le port du voile formellement obligatoire dans les administrations et les lieux publics [4], alors que cette pratique est en contradiction avec les lois fédérales.

Le ministre se montre d'abord particulièrement en verve contre ceux qui « sèment la zizanie depuis leur confortable exil en Occident », faisant croire aux jeunes

---

1. Que j'avais rencontré et interviewé pour le quotidien *Libération* en 1999. Cf. « "Nous ne voulons pas de la paix russe." Khattab, le bras droit de Bassaïev, justifie la résistance tchétchène », *Libération*, 15 octobre 1999.

2. Cf. « Dans la montagne avec les soldats de l'islam », *Libération*, 25 décembre 1999.

3. Le droit coutumier.

4. Même si cette exigence s'est considérablement assouplie ces dernières années.

que, depuis les tsars, des héros tchétchènes combattent la Russie et qu'il faudrait poursuivre cette voie. Pour ne jamais être pris au dépourvu lorsqu'il doit produire une référence, le haut fonctionnaire rédige ses fiches lui-même à la main. Selon lui, les vingtenaires sont le nœud du problème, « ils n'ont pas connu ces guerres et sont incapables de se rendre compte du travail monumental fourni par Ramzan Kadyrov ». D'où l'envoi de cette classe d'âge en masse sur le front ukrainien, à grand renfort de publicité sur les puissants réseaux sociaux du président. Le jour même de la déclaration de mobilisation partielle en Russie, la Tchétchénie avait rempli son quota « à 230 % », souligne le ministre.

« En Russie, le Coran est protégé par la loi, les caricatures sont interdites, une femme est une femme, et un homme, un homme ! » répète le propagateur en chef des convictions de Ramzan Kadyrov, horrifié par l'avènement possible d'une société « inclusive ». En Tchétchénie, fluidité du genre et défense des mouvements LGBT sont des thèmes tabous. Être homosexuel reste dangereux et les exactions en ce domaine sont nombreuses [1]. Depuis sa prise de fonction, le ministre se focalise sur un seul but : convaincre les jeunes Tchétchènes qu'on leur a

1. Cf. le rapport en anglais de Human Rights Watch : https://www.hrw.org/news/2019/05/08/russia-new-anti-gay-crackdown-chechnya. Sur l'homosexualité en Russie, lire Anne Nivat, *Un continent derrière Poutine ?*, *op. cit.*, chapitre 6.

menti sur les véritables possibilités d'indépendance de la Tchétchénie. « Les revenus de notre pétrole ne permettraient même pas de payer la moitié de nos fonctionnaires de l'Éducation nationale ! » lâche-t-il, exaspéré. Selon lui, l'indépendance a toujours été une chimère et seule la collaboration avec Moscou permet de vivre « mieux et libre dans un pays où les mœurs dépravées occidentales n'auront jamais cours ». Dès qu'il en a l'occasion, Ramzan Kadyrov dénonce celui qui ne désire pas partir combattre en Ukraine comme « n'ayant pas la foi », un narratif quant à la guerre en Ukraine que les officiels tchétchènes pensent imparable. Combattre en Ukraine, c'est défendre sa religion et contrer le « satanisme ». Chargé de marteler ce message, le ministre va jusqu'à qualifier de « djihad » la participation des Tchétchènes à la guerre en Ukraine.

« Comment transmettre notre histoire si on n'en parle jamais ? »

« Ramzan est le sauveur de la Tchétchénie. Sans lui, il n'y aurait ni ordre ni sécurité », proclame Vakha, cinquante-cinq ans, un entrepreneur pragmatique et débonnaire assis à la terrasse d'un restaurant de l'artère piétonne Esambaïeva. « Dans notre République musulmane, confie-t-il, les traditions ancestrales comptent beaucoup plus que les valeurs de l'État et sont très efficaces en matière de maintien de l'ordre. Poutine l'a compris, il a laissé carte blanche à Kadyrov, qui, en retour, fait du zèle en Ukraine. » Vakha est obsédé par ce qui pourrait se passer en Tchétchénie en cas de changement de pouvoir à Moscou. « Quel que soit le successeur éventuel de Poutine, il devra se mettre d'accord avec Kadyrov pour éviter la déstabilisation de tout le Caucase ! », soulignant que si la Tchétchénie reste ouverte pour les affaires, elle fonctionne dans la crainte du clan le plus puissant, celui de la famille Kadyrov. « En proclamant chaque seconde qu'il est aux manettes, Ramzan empêche ses concurrents potentiels de naître et de prospérer, mais, d'un autre côté, grâce à lui, la Tchétchénie n'est plus ce territoire clanique où chacun pense comme un général ! » Ce que Vakha veut dire, c'est que même si les plaies béantes des deux guerres contre Moscou incitent peu à soutenir la guerre en Ukraine, personne n'ose exprimer ce point de vue publiquement. « Une victime sous emprise de son bourreau, ça s'appelle le syndrome de Stockholm ! » glisse l'homme d'affaires. « Les Russes nous ont critiqués et traités de terroristes à cause des guerres passées, mais, grâce à la fine stratégie de Ramzan dans cette guerre en Ukraine, nous, Tchétchènes, sommes enfin considérés aujourd'hui en Russie comme les seuls et, surtout, les meilleurs pour défendre la Russie ! » poursuit-il. À travers son discours, je comprends que l'« opération militaire spéciale » permet à la Tchétchénie de racheter les « fautes » du passé et que l'importance accordée aux valeurs « patriotico-islamiques » exacerbées par les officiels tchétchènes a pour but de faire disparaître tout désaccord potentiel. Comble du paradoxe, le discours anticolonial tchétchène a réussi à s'ancrer dans une idéologie patriotique pro-russe qui aspire à présenter le peuple tchétchène en héraut des succès poutiniens ! Au fil du temps, Ramzan Kadyrov a quasiment fait disparaître la contradiction inhérente entre la cause indépendantiste (le conflit que j'ai couvert) et l'affirmation de la puissance russe en Ukraine, une posture hypocrite et sournoise permettant à la République de vivre en paix. « Le principal est qu'aujourd'hui, les autres sujets de la Fédération nous regardent avec respect et envie », confirme, satisfait, l'entrepreneur.

Conscients et navrés de ce paradoxe, nombreux sont ceux qui, comme Khava, cinquante-trois ans, son épouse, directrice commerciale d'une clinique privée, acceptent mal l'absence de monument en l'honneur de ceux qui ont péri pendant ces deux guerres. « Comment transmettre notre histoire si on n'en parle jamais ? » fulmine-t-elle au volant de sa Daewoo jaune canari, alors que nous roulons vers son village natal niché dans les montagnes du Sud. Huit générations ont vécu dans cette maison de pierre balayée par les vents. Depuis 2016, grâce à la manne fédérale et aux efforts de Ramzan Kadyrov pour soutenir l'agriculture et le retour des habitants sur leurs terres, la plupart de ces montagnards ont été raccordés au gaz et à l'électricité. « Les deux guerres ont été effacées par une reconstruction effrénée. Nous n'honorons pas ceux qui ont péri alors que ce genre de monument existe en Abkhazie voisine, je suis choquée ! » s'énerve Khava, les mains serrées sur son volant. « Comment expliquer ces guerres à nos jeunes s'il n'en reste rien ? Comment se les approprieront-ils si c'est juste des images de film ? »

Chapitre VI

En Ukraine

« On a peur que le monde occidental nous trahisse juste pour rester en paix avec les Russes »

Deux tas de sable ainsi qu'une bétonnière obstruent l'entrée de la maison inachevée devant laquelle nous nous arrêtons dans la banlieue de Simferopol. Sur un chantier voisin, une grue arbore la lettre Z. Partout sur la route, de gigantesques panneaux publicitaires rappellent que la péninsule de Crimée et la Russie vivent « depuis neuf ans ensemble », témoignant paradoxalement de la difficulté des autorités fédérales à faire admettre ce « fait » [1]. Au volant, Irina peine à garer sa

1. La Crimée proclame son indépendance le 11 mars 2014. Le 16 mars, elle vote à plus de 96 % en faveur de son rattachement à la Russie (le scrutin est boycotté par les pro-Ukraine). Ce référendum organisé en dix jours par des autorités régionales pro-russes est rejeté par la communauté internationale qui dénonce une annexion. Une semaine plus tard, les dirigeants de la nouvelle république de Crimée et Vladimir Poutine signent un accord qui entérine son rattachement à la Russie. L'UE et les États-Unis adoptent une série de sanctions à l'encontre de plusieurs responsables russes.

petite Volkswagen dans la boue – la voie d'accès n'est pas encore asphaltée. Sa manœuvre terminée, Igor, son mari, récupère un impressionnant bouquet de fleurs sur le siège arrière et tente de se frayer un chemin jusqu'au portail sans maculer son pantalon. C'est l'anniversaire de la sœur d'Irina, de dix ans sa cadette, et j'ai été prévenue : un couple d'amis dont l'époux est pro-ukrainien sera présent et nous avons interdiction d'évoquer le thème de la guerre.

« Avec cette guerre, les Ukrainiens ne nous aimeront plus pendant les trente ans à venir. Et après ? Après, ils recommenceront à nous aimer, c'est tout ! »

Serrés autour de la table du salon déplacée pour l'occasion devant le divan face à la télé, nous dégustons joyeusement cornichons et autres légumes salés, tartines de caviar rouge et viande séchée, quand les téléphones portables se mettent à crépiter. Information push, nouvelle urgente, de quoi s'agit-il ? Est-ce lié à la guerre ? Le président Vladimir Poutine est en visite surprise en Crimée, annonce joyeusement la grand-mère d'Irina, la première à lire les détails de cette information inattendue sur son écran. « Notre président veut montrer que personne ne doit avoir peur de venir en Crimée, il a raison ! Peut-être que grâce à lui on aura quand même une vraie saison touristique… », espère-t-elle, exhortant illico son petit-fils à allumer la télévision pour vérifier que le chef d'État russe se trouve bien sur la presqu'île.

« Débouchons le champagne sans attendre le gâteau d'anniversaire », propose la vieille dame, ravie à l'idée de trinquer à la santé du président. Je trempe à peine mes lèvres dans ma flûte, tout comme Andreï l'Ukrainien, l'ami de la famille avec qui j'échange des regards en biais jusqu'à ce que son épouse vienne me glisser à l'oreille qu'il est d'accord pour aller fumer une cigarette avec moi dehors. Originaire de la ville ukrainienne de Zaporijia, en territoire occupé, où réside encore une partie de sa famille, Andreï se sait en minorité sur la péninsule criméenne, même s'il vit depuis longtemps parmi les pro-russes comme Igor et Irina. La situation le fait souffrir mais n'entache aucunement sa détermination : « Les Russes sont serviles, peureux et hypocrites... si leur grand chef Poutine a décrété que c'est une opération spéciale, elle l'est. Mais si demain Poutine révèle que c'est une guerre, tout le monde changera de braquet ! » assure l'ex-ingénieur qui a longtemps été employé dans une usine chimique. Vêtu d'un simple T-shirt kaki dans le vent et l'humidité printanière, Andreï tire sur son clope : « On finira par tout récupérer, j'en suis convaincu. » Igor, le pro-russe, lui, est parti fumer de l'autre côté de la maison. Leurs avis étant opposés, les deux hommes ne parlent plus de ce thème ensemble pour éviter de gâcher les réunions familiales et amicales (ce sont avant tout leurs épouses respectives qui sont amies). Andreï ne se sent pas russe et ne veut pas le devenir, d'ailleurs il ne s'est pas précipité pour remplacer son passeport ukrainien par un russe, à la différence d'Igor et Irina qui, comme une majorité de Criméens, possèdent les papiers des deux pays. Oui, la reprise par la force de la Crimée lui semble parfaitement possible. Non, le référendum organisé en dix jours par les autorités fédérales en mars 2014 n'est pas représentatif de ce que pense la population de Crimée apeurée, où « les mécontents sont plus nombreux qu'il n'y paraît », murmure-t-il. À la fois désabusé et têtu, Andreï ressasse une colère inextinguible et profonde. Frigorifiés, nous rentrons au moment où, dans le salon, Igor prononce ces mots : « Avec cette guerre, les Ukrainiens ne nous aimeront plus pendant les trente ans à venir. Et après ? Après, ils recommenceront à nous aimer, c'est tout ! » Il fanfaronne en portant un toast à sa belle-sœur. Sans mot dire, Andreï reprend sa place sur le divan.

Sur la première chaîne de télévision russe, la grand-mère boit les paroles du présentateur star Vladimir Soloviov. « Cette visite de Poutine veut dire qu'on rendra jamais la Crimée, même si on doit aller jusqu'à la guerre nucléaire », décrypte son gendre Igor avec assurance, comme s'il avait oublié la présence d'Andreï. « Pour nous ça change rien, mais pour tous ceux qui hésitaient à venir passer un moment ici ou à s'établir en Crimée, ça change tout ! ajoute-t-il, satisfait. C'est à eux que Vladimir Vladimirovitch s'adresse, c'est à eux qu'il montre que personne ne doit avoir peur de venir ici ! La Crimée restera russe, c'est sûr, sinon il faudra tous nous tuer jusqu'au dernier », ajoute l'homme d'affaires. Stoïque, l'air absent, Andreï continue à se taire. Sans attendre le gâteau, Irina embrasse affectueusement sa sœur et déclare qu'on va rentrer. De toute façon, la fête est déjà à moitié gâchée.

2014 : « Pourquoi vous ne voulez pas des Russes ? Ils sont très bien, c'est vous les bandits ! »

J'avais fait la connaissance d'Igor et de son épouse Irina près d'une décennie plus tôt, en 2014, dans un aéroport à Istanbul après l'annulation d'un vol vers la Crimée. Le couple revenait de vacances en Israël, j'arrivais de Paris, et pour 400 dollars nous avions partagé un taxi depuis l'aéroport d'Odessa, où nous avions été déroutés, jusqu'à la capitale criméenne. Le lendemain, alors que toute la péninsule bruissait de rumeurs d'opération militaire russe, j'avais accompagné Igor à sa datcha en construction [1]. Il voulait s'assurer que, dans le chaos ambiant, des hooligans n'étaient pas venus y

1. Cf. Anne Nivat, « Crimée : "L'Europe nous prend pour des sauvages." Notre envoyée spéciale Anne Nivat s'est aventurée à Simferopol, dans l'épicentre de la crise qui inquiète le monde », *Le Point*, 12 mars 2014.

« faire du grabuge ». À l'instar de près de 60 % de la population locale, il se déclarait plutôt satisfait de la tournure des événements, le déploiement militaire inédit renforçant son sentiment de sécurité : l'homme d'affaires se sentait protégé. Contre qui ? « Contre les fascistes qui veulent un second Maïdan », accusait-il, sans mentionner directement la révolution populaire à Kiev. Igor, Ukrainien pro-russe né et habitant en Crimée, reprenait aisément à son compte la propagande du Kremlin qui, déjà à l'époque, traitait le gouvernement de Kiev de « fasciste », l'accusant de vouloir faire taire ceux qui, dans le pays, se sentaient proches de la « mère Russie ». La « guerre civile » couvait. Pourtant, Igor ne cachait pas son aversion pour Viktor Ianoukovitch, ce président ukrainien pro-russe déchu et réfugié en Russie. À l'automne précédent, Igor avait même soutenu le mouvement populaire du Maïdan à ses débuts, mais, selon lui, tout avait dégénéré à la fin de l'année : « Casseurs, fascistes et nationalistes sont arrivés. Entre autres bêtises, ils ont promulgué une loi anti-langue russe [1]. Moi, je ne vais pas en Ukraine de l'Ouest forcer les gens à parler russe, alors qu'on nous laisse ici parler la langue qu'on veut ! De plus, insistait-il, dans cette prétendue Europe de leurs rêves, ces gens ne se rendent pas compte que personne ne les attend et qu'ils seront traités là-bas comme des citoyens de seconde zone ! »

1. Cette loi n'a jamais été ratifiée par le président intérimaire Tourtchynov mais beaucoup pensent qu'elle l'a été. Cf. p. 129.

Au retour de sa datcha, nous étions passés par un village dont la base de gardes-côtes ukrainiens était encerclée par des malabars pro-russes, casqués, armés jusqu'aux dents, le visage à demi masqué. Face à eux, quelques Tatars, des *babouchkas* du village voisin et une poignée de manifestants pacifistes se tenaient bras dessus, bras dessous devant la grille centrale. Sur le côté, d'autres manifestants s'étaient regroupés sous une immense croix orthodoxe et priaient avec ferveur. À tout moment, cela pouvait mal tourner. Une équipe de journalistes de la première chaîne de télévision russe errait à la recherche de « ceux qui sont prêts à raconter comment ils seront contents de vivre comme en Russie ». Intimidés mais aussi subjugués par la caméra, quelques Criméens avaient clamé leur besoin du soutien russe. Exactement ce que les médias de Moscou voulaient entendre. « Les Tatars sont anti-russes depuis toujours, mais je fais du business avec eux, alors mieux vaut se taire. Dans la réalité, on est tous obligés de cohabiter », m'avait glissé Igor avant de détourner les yeux, un tantinet inquiet de l'ampleur des troubles. « Mon rêve n'est pas d'émigrer, j'ai les moyens de me rendre en Europe en touriste, ça me suffit. À part lancer des mots en l'air, les Européens n'ont aucune idée de nos valeurs, ils pensent qu'on est tous des sauvages. Mais attention, il n'est pas non plus question de devenir citoyen de la Fédération de Russie ! » déclarait Igor avant que la guerre de février 2022 ne le radicalise.

À cette époque, chacun pouvait encore exprimer son désaccord avec les événements en cours : le risque d'occupation de la Crimée motivait les pro-ukrainiens qui, au petit matin, se rencontraient le plus discrètement possible dans une église du centre de Simferopol. Par groupes de deux ou trois, jamais plus, ces résistants russes, ukrainiens et tatars se retrouvaient au troisième étage d'une église orthodoxe rattachée au patriarcat de Kiev. « La semaine dernière, notre local a failli être incendié. Notre propriétaire en a profité pour rompre le contrat de location », m'avait expliqué un représentant des pro-ukrainiens à Simferopol. Dans son bureau glacial, la voix du prêtre Kliment, un Ukrainien bulgare engagé contre l'annexion de la Crimée où sa famille vivait depuis cinq générations [1], tremblait d'émotion : « La Crimée est victime de jeux d'influence entre l'Europe, les États-Unis, la Russie et les nouvelles autorités de Kiev. On a peur que le monde occidental nous trahisse juste pour rester en paix avec les Russes. On attend des actes, mais on ne voit que des gesticulations diplomatiques et rhétoriques. » Prémonitoires, ses propos sont la preuve que dès l'annexion de 2014, certains Ukrainiens doutaient de l'aide de l'Europe et du soutien de Kiev.

Ce matin là, en 2014, pendant que les jeunes femmes recherchent des slogans percutants pour leurs affiches, les hommes, eux, élaborent des mesures de sécurité.

1. En 2024, le père Kliment officie à Donetsk.

Tous redoutent les provocations de la rue. Juste avant de se réunir sous la statue du poète de langue ukrainienne Tarass Chevtchenko, pour se donner du courage, par trois fois ils scandent : « Vive l'Ukraine ! » Le prêtre Kliment prononce une prière et les femmes déploient leurs affichettes en silence. « La Crimée appartient aux citoyens ukrainiens, les troupes russes nous font peur », est-il écrit en anglais sur l'une d'elles. « Nous, Russes d'Ukraine, n'avons pas besoin de la protection de l'armée russe », proclame une autre en russe, preuve que certains Russes de Crimée refusent l'annexion. Un passant à vélo crie : « Pourquoi vous ne voulez pas des Russes ? Ils sont très bien, c'est vous les bandits ! » Chacun se retient pour ne pas répliquer. Un immense drapeau ukrainien est déployé juste avant que n'apparaissent deux voitures de police. Débonnaires, les miliciens ukrainiens veulent savoir combien de temps la manifestation va durer.

Quelques jours plus tôt [1], sous un soleil timide, la vie semblait pourtant se dérouler comme d'habitude : pas un seul uniforme n'était en vue dans la station balnéaire d'Alouchta, et si des drapeaux russes n'avaient pas flotté à côté de la statue de Lénine, on aurait eu l'impression de journées ordinaires. Craignant qu'on ne nous entende, l'épouse d'un officier de l'armée ukrainienne

---

1. Cf. Anne Nivat, « Crimée : "Quel que soit notre futur, la saison est foutue" », *Le Point*, 5 mars 2014.

qui n'était pas rentré à la maison depuis six jours [1] avait accepté de partager son angoisse dans l'habitacle de sa voiture. « Mon mari dit que les Russes qui les encerclent leur donnent trois choix : prêter serment au peuple de Crimée, démissionner ou quitter la péninsule. Il leur a répondu avoir prêté serment au peuple ukrainien ! » Retranchés face aux soldats russes sans insignes, les soldats ukrainiens avaient été déconcertés de ne recevoir aucun ordre de leurs supérieurs à Kiev. « Ils meurent de faim à l'intérieur de la base. C'est nous, leurs femmes, qui allons leur acheter du pain et des conserves pour les balancer par-dessus le mur », se lamentait l'épouse. En ces jours sombres d'annexion, l'ambivalence prévalait.

2023 : « Vivre aux côtés d'un voisin qui te déteste est une tragédie, alors je préférerais que l'Ukraine n'existe plus ! »

En 2023, pas facile de rejoindre la Crimée occupée depuis la capitale russe. Pour des raisons de sécurité, les aéroports de la péninsule sont fermés, ainsi que tous ceux des régions limitrophes du sud de la Russie. J'atterris à Stavropol, à 560 kilomètres à l'est du pont de

1. Cf. Anne Nivat, « Crimée : à Sébastopol, l'angoisse et l'amertume des Ukrainiens. Ultra-minoritaires, les Ukrainiens de Crimée se sentent assiégés et attendaient une aide de l'OTAN ou de l'Europe. Résignés, ils songent à l'exil. », *Le Point*, 7 mars 2014.

Kertch, que je rejoins par des routes chargées de poids lourds de tous gabarits, qui n'ont pas été prévues pour un tel trafic. Depuis l'attentat sur le pont le 8 octobre 2022, les autorités russes ont imposé des contrôles stricts : seuls les trains et les voitures personnelles peuvent passer. Les camions doivent emprunter un ferry ou faire le tour par les territoires annexés, ce qui rallonge leur parcours de quelque 400 kilomètres, au moins une dizaine d'heures. Guerre oblige, côté russe, tous les environs de la zone de « SVO » se développent à marche forcée. J'avais observé le même phénomène lors de la guerre en Tchétchénie au profit de sa voisine l'Ingouchie, en Irak au profit du Kurdistan et en Afghanistan au profit du Tadjikistan et du Pakistan voisins. Sur les bas-côtés, les panneaux publicitaires barrés du slogan « *Za Mir* » (Pour la paix) sont légion. À l'approche du réservoir de Krasnodar, que les locaux appellent « la mer », les habitations du bord de la route offrent à la vente des fruits et des bocaux de nourriture, mais aussi des drapeaux : le russe, le soviétique, celui des paras, de Wagner ou de l'infanterie de marine.

En ce samedi 17 mars, en roulant entre Stavropol et la péninsule [1], je visionne sur mon téléphone une vidéo du président de la Crimée annexée à l'occasion du neuvième anniversaire de ce qui est prudemment nommé le « rattachement » : Sergueï Axionov, ancien chef de la

1. Il me faudra une douzaine d'heures environ.

pègre locale et président de la Crimée pro-russe, se tient en costume au bord d'une piscine municipale flambant neuve face à un micro partagé avec le gouverneur de Stavropol. Les deux hommes rapportent en visio à Vladimir Vladimirovitch les développements de la région. L'un comme l'autre remercient le président russe à plusieurs reprises pour l'attention et le soutien qu'il leur accorde et chacun égrène sa liste des « exploits » accomplis : organisation de bacs de passage pour les voitures après l'attentat sur le pont, réparation des canalisations de gaz et d'eau. Tous deux concluent par le mantra favori de Vladimir Poutine : « Tout avance selon le plan. » Surgit alors à l'écran l'image du ministre du Développement économique agrandie par les réalisateurs présidentiels. Il souligne la récente présence en Crimée des banques russes. Sans le dire clairement, Poutine admet que cette année les touristes seront moins nombreux mais avance que, de toute façon, leur présence faisait monter les prix, ce qui « était mauvais pour les locaux ». Sourire sardonique. C'est au tour du ministre des Finances de mettre en avant l'activité économique de la Crimée, en hausse, « notre priorité étant de développer ce territoire historique qui a décidé de se joindre à nous depuis 2014 ». Selon des statistiques russes, en neuf ans, le taux de chômage de la péninsule serait passé de 7,5 % à 4 % et son intégration au système financier russe est totale : partout, y compris dans la moindre boutique de souvenirs, le paiement est possible avec une carte de crédit du système Mir, développé par les autorités en réponse aux sanctions internationales. L'air satisfait, Poutine repasse la parole au président de la Crimée : l'Ukraine, rappelle ce dernier, « nous a beaucoup pris et rien donné ! Mais dès que la Russie est arrivée, on a eu cette route ! », la « Tavrida [1] », que j'emprunte ce matin-là.

À l'approche du fameux pont, une voiture de police déroute les voitures commerciales et autres poids lourds interdits vers une voie parallèle. Avant son franchissement, les contrôles routiers sont rapidement effectués : le chauffeur ouvre toutes les portières, reste au volant, laisse œuvrer le maître-chien et son animal pendant que le ou les passagers sortent et passent à pied sur le côté. Je fais rouler ma valise au travers d'une cahute où le bagage est vérifié comme dans les aéroports. Personne ne m'adresse la parole et je n'ai même pas besoin de montrer mon passeport français. De l'autre côté, on s'engage sur la « Tavrida », construite par les autorités russes après l'annexion [2]. Flambant neuve, la voie rapide traverse toute la Crimée. Tous les cent mètres sont installées des caméras de surveillance qui fonctionnent à l'énergie solaire. Car, en Crimée comme dans le reste

1. Du nom que les Grecs antiques ont donné à la presqu'île.

2. La « Tavrida » a été personnellement inaugurée par le président russe en mai 2018 peu après sa réélection.

de la Russie, plus un policier n'est physiquement présent sur la route, ce qui tranche avec l'époque où j'y vivais : entre Moscou et ma datcha il fallait s'attendre à en croiser plusieurs et deviner où ils se tiendraient en embuscade. Je savais que s'ils stoppaient mon vieux 4 × 4 Lada Niva, même en règle, ils trouveraient matière à m'extorquer quelque argent.

Je retrouve Igor et son épouse plus politisés que jamais. Depuis l'invasion, Igor soutient l'armée russe sans état d'âme et, contrairement à ce qu'il me disait dix ans plus tôt, a accepté de devenir citoyen de la Fédération de Russie, s'est même porté volontaire pour aller combattre, sans être incorporé, source d'une légère vexation. Depuis le « rattachement », Igor dit sentir sa terre natale redevenir « prioritaire » et « importante » aux yeux des nouvelles autorités. Ce russophile, dont la mère est ukrainienne et le père russe, avoue ne consentir à l'existence de l'État ukrainien que « si ça se passe comme avec le Kazakhstan ou la Biélorussie », ce qui revient à défendre l'idée que l'Ukraine doit rester vassale de la Russie et n'a pas le droit d'exister en tant qu'État « autre ».

Employée dans une agence immobilière, Irina, cinquante ans, son épouse, est moins virulente et plus nuancée : « Je ne comprends pas cette guerre », ose-t-elle lancer quand son mari la laisse parler. « D'autant qu'il y a un an, la Russie s'est montrée en faveur d'un compromis, mais on ne nous a pas écoutés », regrette-t-elle en évoquant les deux tentatives de « négociations » du printemps 2022, peu après le début de l'invasion. Par dépit, et peut-être aussi pour calmer son mari, Irina donne finalement raison à Vladimir Poutine d'avoir attaqué : « Il a eu raison, ça va régler les problèmes », voudrait-elle espérer.

Le couple me reçoit dans la maison de campagne visitée neuf ans plus tôt. Nous discutons autour de la table de la vaste cuisine ouverte sur un jardin avec fontaine, parterres de fleurs soignés et glycine. Ils ont vendu et quitté leur appartement du centre de Simferopol, non loin de la grand-place où trône encore une statue de Lénine, pour s'installer dans cette banlieue nord cossue où leur bâtisse de style florentin tranche avec les autres villas. Même si le point de vue d'Igor m'agace et me déplaît, je l'écoute. Ulcéré par mes questions, il perçoit mon irritation et finit par hausser le ton, n'admettant que la Russie a attaqué en premier que pour asséner que cela ne change rien à la situation : la Crimée appartient à la Russie, et la Russie doit gagner cette guerre.

« J'en veux à Boris Eltsine de ne pas avoir repris la Crimée et le Donbass à l'époque où il était président [1], ça aurait été beaucoup plus facile que maintenant, on aurait évité ce bain de sang ! fulmine-t-il. D'ailleurs, j'en ai vraiment assez de payer pour les erreurs des prédécesseurs de Poutine : Nikita Khrouchtchev, le dirigeant

1. De 1991 à 1999.

soviétique qui avait rendu la Crimée à l'Ukraine en 1954, c'était déjà honteux, mais aussi Mikhaïl Gorbatchev et Eltsine, qui ont accepté que notre grand pays se dissolve dans le chaos. » Mais surtout, et c'est le seul élément sur lequel il est en désaccord avec Vladimir Poutine, Igor est convaincu que si, « dès le début » la situation avait été considérée comme une « guerre », tout aurait été mis en place pour la gagner, ce qui n'est pas le cas en prétendant qu'il s'agit d'une « opération militaire spéciale ». Comme de nombreux Russes, il est en colère et déçu que son pays ne gagne pas plus facilement.

Après trois mauvaises années pour cause de pandémie puis de guerre, les affaires d'Igor sont quasiment au point mort. Remplies à 70 % avant la guerre, les réservations hôtelières de cette région touristique sont en baisse et, de 600 clients, Igor est passé à moins de 300. Sans réservations, pas de consommation de boissons, c'est mécanique. À tel point que l'entrepreneur n'a pas pu se permettre d'acheter l'ensemble des meubles dont le couple rêvait pour son intérieur. Résultat, la vaste maison aux cheminées en marbre d'Athènes est quasi vide et son bel escalier sur mesure en bois de frêne reste inachevé. Igor ne souhaite pas que je publie son nom de famille par peur que ses propos le privent de son visa Schengen [1]. Je respecte sa demande et modifie aussi son

1. Les anti-guerre et anti-Poutine, quant à eux, craignent la prison pour ce qu'ils pourraient dire à un journaliste.

prénom. « Je travaillote en attendant que les touristes reviennent, mais parfois je me surprends à réfléchir à la possibilité de changer complètement de branche, dans le cas où ça durerait... », souffle-t-il, insistant sur le fait que la réussite ou l'échec de ce qu'il ne se résout pas à appeler « guerre » n'amoindrira pas sa fibre patriote. « Même si elle a un impact négatif sur mon activité, je soutiens et soutiendrai cette SVO et je ne suis pas le seul ! » Il me semble parfois que c'est purement une question d'honneur et de vanité. « Comme tout le monde, j'attends que quelque chose se passe, quelque chose qui nous fera gagner », avoue, anxieux, le commerçant qui, pour se calmer, joue frénétiquement au Sudoku ou passe des heures courbé dans son jardin, traquant la moindre brindille sur sa pelouse. Igor me prie de ne pas le dire à son épouse, mais si ses affaires ne repartent pas, il réfléchit à la possibilité de vendre sa maison estimée, selon lui, à quelque 2 millions de dollars.

Pendant qu'Igor se rend à une réunion des copropriétaires du quartier, je me retrouve seule avec Irina, qui me livre sa version de la situation. Comme à beaucoup de Criméens, les manifestations du Maïdan de 2004 et de 2014 lui ont fait peur, elle n'a éprouvé aucune fierté à ce que l'Ukraine soit à l'avant-garde de ces « révoltes », d'autant qu'à ses yeux, la révolution populaire s'est transformée en cauchemar : la guerre d'aujourd'hui. Irina a toujours été fière que sa grand-mère, infirmière militaire russe pendant la Seconde Guerre mondiale, ait marché jusqu'à Berlin, et se souvient qu'à la dislocation de l'URSS, en 1991, jeune femme, elle se sentait personnellement encore « russe » tout en vivant en Ukraine : « Je ne me suis jamais sentie ukrainienne, je ne sais même pas ce que cela veut dire ! » avoue-t-elle. « Qu'on le veuille ou non, le destin de cette presqu'île où je suis née est lié à la mère Russie. Si Moscou ne nous avait pas annexés (Irina n'a aucun état d'âme à employer ce verbe dont la connotation n'est pas, pour elle, négative), notre situation serait encore pire qu'à Donetsk, cette ville de l'est de l'Ukraine pilonnée quotidiennement par l'artillerie russe », confie-t-elle. Irina apprécie ce que Vladimir Poutine dégage en matière d'ordre, de patriotisme et de stratégie, et envisage son remplacement avec angoisse. Elle votera pour lui à la présidentielle de mars 2024. « Vivre aux côtés d'un voisin qui te déteste est une tragédie, alors je préférerais que l'Ukraine n'existe plus », finit-elle par avouer, fière et honteuse à la fois.

« Jusqu'en 2022, le monde entier a profité des ressources russes sans état d'âme ! »

Édifiés « sous l'Ukraine », « sous la Russie », ou « sous l'URSS », comme l'évoquent les autochtones quand ils vous font le récit de leur vie, la plupart des bâtiments touristiques sont de mauvais goût mais cette hétérogénéité esthétique ne semble déranger que moi. À Yalta, dans la salle du petit-déjeuner de mon hôtel, trois touristes russes observent une imposante mouette postée sur un promontoire de béton derrière la baie vitrée, surprenante d'impassibilité face à un corbeau croassant bruyamment à ses côtés. Les trois femmes commentent son gabarit, comparent le volatile avec leur chat ou chien domestique et se perdent en conjectures après que l'une d'elles dépose de la nourriture quasi sous ses pattes. D'abord, la mouette reste hautaine, puis, bravant sa méfiance, elle volette lourdement vers l'assiette, allonge son cou et finit par glisser un morceau de fromage dans son bec. Derrière la vitre, au comble de l'excitation, les trois blondes décolorées, en surpoids, vêtues de leur tenue de curiste – elles s'apprêtent à visiter le spa –, dégainent leurs portables à l'unisson.

Depuis son annexion en 2014, la Crimée a été choyée par le pouvoir russe qui y a investi plus de 300 milliards de roubles (3,75 milliards d'euros) par an. Il y a d'abord eu les travaux titanesques du fameux pont de Kertch [1], reliant sur 18 kilomètres la péninsule ukrainienne à la

1. Le 8 octobre 2022, le viaduc en béton a été endommagé par ce que les autorités russes considèrent comme un acte de sabotage ukrainien, qui a empêché la liaison ferroviaire pour quelques jours. En juillet 2023, le pont a de nouveau été endommagé par des drones de surface navals ukrainiens, limitant la circulation routière.

terre ferme du côté de la ville russe de Krasnodar, mais aussi, concomitamment, ceux de l'autoroute Tavrida, qui rallie le port de Sébastopol, siège de la flotte russe de la mer Noire, au pont en trois heures au lieu de six. Moscou souhaite aussi déposer son empreinte culturelle : engagé dès 2015, le projet fédéral « Tavrida-Art » a pour but d'aider « des jeunes professionnels à réaliser leurs ambitions artistiques dans l'industrie du divertissement ». Sous l'égide d'« experts » adoubés par de hauts-fonctionnaires du Kremlin, comme Sergueï Kirienko [1], l'un des tout-puissants adjoints de l'administration présidentielle, la « Riviera » accueille chaque été un festival de musique et de talents. Un rentier russe qui partage sa vie entre Moscou et son appartement dans un somptueux hôtel particulier sur la Riviera ne s'y est pas trompé : il vient d'obtenir l'autorisation d'investir dans la construction et l'exploitation d'un restaurant non loin du fameux complexe artistique. « Je prends peu de risques parce que c'est un projet politique massivement soutenu par l'État et que ses résidents viendront en permanence de toute la Russie ! » souligne-t-il, se félicitant qu'en Crimée, l'impôt sur les bénéfices ne soit que de 4 % alors qu'il est de 6 % dans le reste de la Russie. La veille, chez un collectionneur russe d'origine française de voitures soviétiques, il avait cyniquement évoqué

1. Sergueï Kirienko fut dans sa jeunesse un éphémère Premier ministre du président libéral Boris Eltsine (mars-août 1998).

« ces Ukrainiens qui depuis 2014 ont détruit tout ce que l'URSS a construit dans le Donbass avec leurs bombardements ». À l'instar de nombreux membres des élites économiques russes, Alexandre Lecayet, quarante-deux ans, est venu s'installer en Crimée avec son épouse et leur petite fille en 2015. Quand il déboule dans les rues étroites de Yalta au volant de sa vieille Volga de 1974, « ça met la banane à tout le monde », s'amuse, dans un français impeccable, ce diplômé d'HEC, dont le grand-père avait été ministre sous le dirigeant soviétique Leonid Brejnev. Fin connaisseur de l'histoire automobile soviétique, Alexandre Lecayet organise des rallyes de voitures anciennes. Il rédige aussi des blogs incitant au voyage à quatre roues sur les bords de la mer Noire et expose ses vieilles Pobeda [1] au centre d'exposition le plus huppé de Moscou, un lieu sponsorisé par le FSO, le service de sécurité personnel du président. « En 2014, au moment du rattachement, je me suis dit qu'enfin Poutine avait fait quelque chose de bien ! Au moins, la base navale de Sébastopol ne serait pas abandonnée aux Américains… », plaisante-t-il à moitié. Le jour où le président russe accueille au Kremlin les nouveaux dirigeants de la Crimée, Lecayet débouche une bouteille de Novy Svet (champagne local) et décide de rejoindre la péninsule en voiture pour s'y installer.

1. Pobeda (« Victoire ») est une marque de voiture soviétique produite avant la Volga.

Depuis, il assume pleinement son soutien au chef de l'État russe pour cette guerre qu'il déplore mais estime nécessaire : « Perdre n'est pas une option. On combat pour la vérité en n'utilisant pour le moment qu'une partie de nos forces », croit-il. Le collectionneur apprécie aussi que son chef d'État « soit capable de prendre des décisions impopulaires sans qu'aucune force extérieure lui dicte sa conduite » et voudrait me convaincre que la haine d'aujourd'hui entre Ukraine et Russie pourrait muer vers des rapports apaisés, « comme entre la RFA et la RDA ou entre les États-Unis et le Japon, qui sont maintenant des alliés ».

Persuadé que la décision d'entrer en guerre de Vladimir Poutine est soutenue par toute la population russe, Alexandre, dont une des sœurs habite aux Pays-Bas et a accueilli des réfugiés ukrainiens chez elle, regrette qu'il ne l'ait pas prise plus tôt : « Je ne suis pas pour la guerre en elle-même, mais j'en saisis parfaitement les raisons : ce conflit se déroule pour que les jeunes urbains russes qui, parfois, sont contre cette opération, puissent continuer à vivre comme bon leur semble ! Comment peuvent-ils ne pas comprendre ça ? » s'énerve le jeune père de famille. Alexandre se désespère : chaque fois que l'Occident s'est rapproché de la Russie, comme à l'époque des présidents aujourd'hui honnis Gorbatchev et Eltsine, « ça voulait dire que la Russie était faible, il aurait fallu s'en inquiéter ! ». Ou alors, soutient-il, il aurait fallu intégrer complètement la Russie dans l'Europe, ce qui aurait sans doute mené « à un monde d'abondance puisque, jusqu'à 2022, le monde entier a profité des ressources russes sans état d'âme ! ». L'incapacité occidentale à saisir le fonctionnement réel de la Russie le choque : « On ne peut pas faire peur à un Russe avec des sanctions ! » s'esclaffe-t-il. « Je ne plains pas nos commerçants, qui disent vivre moins bien depuis qu'il n'y a plus de saisons, je plains nos mères de soldats, nos employés et nos petits fonctionnaires, car les prix augmentent et leur pouvoir d'achat baisse. Ils se serrent tous la ceinture… Mais nous sommes déjà passés par le chaos des années 90, donc on survivra à ça ! Voilà ce que l'Occident ne comprend pas : on a vécu tellement pire qu'on survivra ! »

« La vérité, c'est qu'on veut pas être comme vous, on est différents, c'est tout ! »

« Bah, on est habitués ! » maugrée Clara, vingt ans, à l'évocation d'une nouvelle attaque de drones dans la baie de Sébastopol. Derrière le bar du café où elle est employée depuis deux mois, dans cette station balnéaire où fut organisée en février 1945 la célèbre conférence réunissant Roosevelt, Staline et Churchill, la jeune fille replace ses cheveux blonds vénitiens d'un énergique mouvement de tête et hausse les épaules. « De toute façon, qu'est-ce qu'on peut y faire ? » ajoute-t-elle, fataliste, essuyant une tasse.

J'ai mis du temps pour trouver cet établissement dont on m'a vanté le café et ne suis pas mécontente de commencer ma journée devant un petit noir savoureux. Seule au bar, en confiance, j'avoue très vite à Clara ma qualité de journaliste. En deux heures, nous ne serons dérangées que par l'irruption d'un vieillard de la résidence immobilière voisine, davantage préoccupé par l'éventualité d'un tremblement de terre en Crimée après celui de la Turquie en février 2023 que par le conflit entre la Russie et l'Ukraine. « Arrêtez de nous stresser », lui lance gentiment Clara, qui n'a pas envie, en plus de ses angoisses liées à la guerre, d'avoir à se poser des questions sur la situation tectonique locale. Yalta est une station balnéaire aux airs de vacances perpétuelles, où soleil et plaisir de vivre sont censés faire tout oublier. Quelques jours plus tôt, un drone ukrainien a visé la ville de Djankoï, un nœud ferroviaire et routier à 180 kilomètres au nord transformé depuis la retraite militaire russe de Kherson en centre d'opérations logistiques de l'armée fédérale. L'opération a provoqué une explosion sur un convoi ferroviaire qui transportait des missiles de croisière russes Kalibr, une version contestée par Moscou qui affirme avoir abattu le drone. Impossible de vérifier l'un ou l'autre récit de façon indépendante et Clara n'a même pas envie de perdre du temps à essayer.

Criméenne de naissance, la jeune femme ne connaît de la « mère patrie », comme elle nomme affectueusement la Russie, que Moscou et Saint-Pétersbourg. En revanche elle ne s'est jamais rendue à Kiev et se souvient de sa gêne quand, âgée de onze ans, l'année de l'annexion, sa meilleure amie tatare [1] lui répétait ne pas vouloir « devenir russe » et tenait des propos pro-ukrainiens dont, alors, elle ne saisissait pas le sens. La jeune fille se savait appartenir au groupe dominant et gardait un silence gêné. Comme beaucoup de jeunes de son âge, Clara ne comprend pas « pourquoi cette guerre a éclaté » et encore moins ses objectifs. Même si elle se sent profondément « russe » et ne souhaite pas le retour de la Crimée dans le giron ukrainien, la serveuse est farouchement contre la guerre. « Je ne crois pas que posséder davantage de territoire soit la motivation clé de cette opération. Il s'agit d'autre chose, de plus profond et de plus terrible, auquel je n'adhère pas. Mais quoi alors ? » se demande-t-elle avec gravité et courage, « parfaitement consciente » que ses impôts servent à financer le conflit, ce qui lui déplaît. « M'a-t-on seulement demandé mon avis ? » regrette-t-elle. Elle a aussi du mal à accepter que son ancienne copine de classe tatare passe son temps à critiquer la Russie tout en restant vivre ici confortablement. À vingt ans, Clara n'a jamais voté et n'en ressent pas le

1. La population tatare de Crimée est estimée en 2023 à 12,6 %.

désir… Et puis, ajoute-t-elle, à qui peut-on vraiment faire confiance ? « Au lieu de devoir choisir entre le côté russe et le côté ukrainien, pourquoi est-ce qu'on ne recréerait pas un État où la nationalité ne compterait pas et où on serait encore tous ensemble ? » Comme tous ceux qui n'ont pas connu l'Union soviétique, Clara l'idéalise.

Oksana a trente ans tout rond, un âge compliqué dans l'espace post-soviétique : pas assez vieille pour avoir vécu sous l'URSS, mais pas assez jeune pour ne pas en avoir de séquelles. Dans la Russie d'aujourd'hui, les trentenaires portent le plus gros poids mental sur les épaules : leurs parents ont souffert de la dislocation de l'empire soviétique et ont élevé leurs enfants dans l'amertume, l'adversité et le chaos. Quant aux enfants, ils n'ont connu que Poutine comme président. Élégante dans son corsage blanc enfilé sur un jean qui met en valeur sa silhouette, Oksana avoue que, plus que la guerre, sa préoccupation, à son âge, est de trouver l'âme sœur. Pas facile de rencontrer un homme « honnête, digne et attirant ». Moscovite de naissance, fille de militaire, la jeune femme a grandi à l'autre bout de la Fédération de Russie, sur une autre presqu'île, celle du Kamtchamka, sur la mer du Japon. Tombée amoureuse d'un Criméen, Oksana s'installe en Crimée en 2022 quasiment sur un coup de tête, son entreprise de marketing lui permettant de travailler à distance. Avec la guerre, ses clients étrangers quittent la Russie, elle perd son travail, un choc dont elle mettra plusieurs mois à se remettre, et sa liaison ne tient pas

(« Comment faire pour ne pas être déçue par les hommes ? »). Mais la jeune femme reste, s'affairant à trouver des locataires pour le vaste appartement acheté par sa mère à Alouchta, à 25 kilomètres de Yalta, tout en habitant dans un studio de location trois étages plus bas. « Pour moi, l'Ukraine a toujours fait partie de la Russie. Son désir d'autonomie n'est apparu que parce que l'Europe et les États-Unis ont tout fait pour l'attiser ! » Oksana saisit sa tête entre ses mains : Poutine est son héros, elle tient à me le dire, et qu'il ait soi-disant violé des lois internationales n'a aucune importance. Mais la jeune femme est convaincue qu'il ne servirait à rien d'aller plus loin : « Maintenant ça suffit, on a récupéré ce qui est russe. »

« Vous nous tuez, alors il n'est plus question de parler de quoi que ce soit »

Après la dislocation de l'Union soviétique en 1991, la plupart des gros producteurs de vin de Crimée se sont développés jusqu'à se faire connaître des amateurs de vin mondiaux. C'est le cas de Zolotaya Balka, un domaine de 1 500 hectares cultivant une vingtaine de cépages et spécialisé dans les mousseux. Après l'Union soviétique, l'exploitation est d'abord passée à un homme d'affaires ukrainien, et, depuis l'annexion, à une femme d'affaires de Moscou qui en a réorganisé les caves avec son gendre.

Je rejoins le domaine en longeant la mer Noire par l'une des plus belles routes côtières de la péninsule reliant Yalta à Sébastopol, en surplomb de propriétés que je devine gigantesques et luxueuses. La « datcha de Poutine » est protégée par de hautes palissades flambant neuves où des caméras de surveillance ont été postées tous les dix mètres. Propriété du ministère de la Défense de la Fédération de Russie, celle où se reposait le président soviétique Mikhaïl Gorbatchev au moment du putsch du 19 août 1991 surplombe le village de Foros. Aux abords de Sébastopol, on longe un cimetière militaire allemand devant lequel un panneau publicitaire démesuré proclame avec défi : « Rien n'a encore vraiment commencé », puis on passe devant l'usine désaffectée où « les Loups de la nuit », un groupement de motards pro-Poutine [1], organise chaque année un festival de moto renommé. En 2019, Vladimir Poutine leur avait rendu visite au guidon de son side-car Oural et avait vanté dans un discours leur rapport à l'Histoire, soulignant leur importance auprès des plus jeunes [2]. De

1. Dont certains membres ont combattu dans le Donbass.

2. Dix ans plus tôt, en 2009, Vladimir Poutine avait rendu visite à Moscou à ce club de motards et à son président, Alexandre Zaldostanov, un géant barbu aux cheveux longs surnommé « le chirurgien », juste avant de prendre ensemble la route pour une « expédition patriotique » vers la Crimée et ce festival. L'année

part et d'autre de la route, des vignobles à perte de vue. Alors que j'observe les tracteurs s'affairer dans les rangées, ma vue est obstruée quelques secondes par un convoi routier inhabituel : c'est un véhicule de transport du complexe de missiles Iskander qui rappelle la proximité de la base militaire russe et la guerre. Protégée de tous les vents, la baie de Balaklava, qui va prochainement abriter un port de yachts, forme une anse presque parfaite. Depuis son bureau, Elena Kostenko en domine les coteaux. Née à Mélitopol il y a cinquante-huit ans, elle a commencé au domaine il y a trente et un ans comme vigneronne. Aujourd'hui, Elena dirige l'entreprise et emploie 600 personnes [1]. « J'ai commencé sous l'URSS, puis c'était l'Ukraine, maintenant c'est la Russie », égrène-t-elle avec indifférence. Elena est secondée par Larissa, cinquante-six ans, maître de chais originaire d'Odessa, et Pavel, trente ans, œnologue né à Simferopol. Aucun de ces citoyens ukrainiens traîtres à leur patrie ne regrette son choix d'être resté dans la péninsule « russe » ni ne conçoit que la situation puisse être différente, même si l'absence de contacts avec leurs collègues restés fidèles à l'Ukraine leur rappelle crûment la réalité. « Vous nous tuez, alors il n'est plus question

---

suivante, le président russe avait profité d'une rencontre avec Viktor Ianoukovitch, le président ukrainien de l'époque, pour rendre une nouvelle fois visite aux motards sur le lieu du festival.

1. Jusqu'à 900 en saison et 120 ouvriers.

de parler de quoi que ce soit », ont même écrit à Larissa certains de ses ex-collègues.

Le domaine de Zolotaya Balka produit 8 millions de bouteilles de vin en méthode champenoise par an et 2 millions de vin blanc et rouge. « Après une dégustation ici, tout le monde comprend qu'en Crimée, tout est disponible, champagne, huîtres, etc. », se rengorge Elena, soucieuse de minimiser les conséquences des sanctions internationales. « Notre priorité est de montrer à nos clients russes que nous sommes au même niveau que celui auquel ils sont habitués à l'étranger ! » Avant la guerre, la propriété viticole exportait une partie de sa production au Canada, au Japon et en Israël. À la suite de l'annexion, les ventes ont été recentrées sur le marché domestique « en constante progression ». La guerre a-t-elle modifié le fonctionnement du vignoble ? « Pas vraiment », avoue Elena. « Nos consultants œnologues, parmi eux des Français, continuent à venir mais avec des visas touristiques… » Pour elle, cette guerre n'a « rien changé », tout au plus nécessite-t-elle une organisation plus complexe. Pourtant, la saison 2022 a été mauvaise. « Nous n'avons reçu que 17 000 touristes alors qu'en 2021 il y en avait eu 35 000 et il faut s'attendre à une nouvelle chute cette année. Mais on se doit d'être prêts pour la fin de la guerre, ce qui peut arriver à n'importe quel moment ! » s'enthousiasme la directrice qui admet se tenir à l'affût de la moindre information sur les chaînes ukrainiennes et russes qu'elle suit sur Telegram. La directrice affirme ne pas souhaiter que la Crimée redevienne ukrainienne, « quand régnait la pauvreté et qu'on n'avait pas de routes », mais elle avoue pleurer pour les membres de sa famille restés en Ukraine. Celle dont la mère est ukrainienne et le père russe n'a pas oublié le slogan « L'Ukraine, c'est l'Europe ! » ressassé par un gouvernement anti-russe. « Ça me paraissait très lointain à l'époque, mais, finalement, on se débrouille très bien sans l'Ukraine et sans cette Europe », conclut-elle. Le domicile d'Elena est situé non loin d'une centrale électrique construite par les autorités russes, de plus en plus souvent prise pour cible par des drones ukrainiens. « Hier, le bruit de l'explosion m'a fait peur et je me suis surprise à penser à ce qu'ils devaient endurer là-bas, en Ukraine », reconnaît-elle. Comment Elena imagine-t-elle la victoire ? « Russe, bien sûr, avec un arrêt des combats sur tout le front et, surtout, un recul de l'OTAN. » Pour que je cesse de croire que le champagne de Crimée est de moindre qualité que celui de l'Hexagone, Elena ordonne à sa secrétaire d'apporter deux flûtes et du chardonnay-pinot. La bouteille arrive chambrée dans un bac à glaçons. Il est 11 heures du matin, je suis à jeun mais ne souhaite pas vexer mon interlocutrice. Le bouchon saute. Radieuse, Elena nous sert une coupe.

Chapitre VII

En Russie

« Au final, personne n'a pitié de nous »

« Tous ceux qui affirment que tout va mal ici n'ont jamais été voir ailleurs. Si notre pouvoir nous dit que l'Occident est une menace, je le crois volontiers. Ceux qui ne sont pas d'accord n'ont qu'à partir, nos frontières restent ouvertes ! » Macha a l'âge de la dislocation de l'URSS, trente-deux ans. Après des études en Allemagne financées par ses parents, la jeune femme a ouvert un salon de beauté dans le centre de Kaliningrad, où les discussions sur la guerre avec ses clientes s'animent vite. Volontiers péremptoire, la jeune femme estime jouir de davantage de liberté en Russie qu'en Europe, une conviction développée après ses fréquents séjours en Pologne où vit son jeune époux, mais aussi en Allemagne et dans les pays baltes. Elle raconte ses « énormes » difficultés pour vendre sa voiture à Berlin après avoir été « dénoncée » à la police par une voisine se plaignant qu'elle garait le véhicule dans la cour alors que c'était interdit. L'obligation, quand on vit en

Europe, d'agir dans la légalité en toutes circonstances, l'omniprésence des règles et de normes choquent Macha, lui déplaisent et lui donnent le sentiment qu'a contrario, en Russie, on serait plus libres. « On n'est pas le seul pays où la liberté de parole est limitée, nulle part elle n'existe pleinement », ironise la jeune femme en sirotant un cocktail sans alcool dans un restaurant branché du centre. « Quant à la guerre, ben finalement c'est comme le Covid, faut vivre avec ! » sourit-elle.

« Je vis ici comme en prison »

Peuplée d'un million d'habitants, la région de Kaliningrad est un territoire de 15 000 km^2 situé à plus de 1 000 kilomètres à l'ouest de Moscou, 600 de Berlin, moins de 300 de Varsovie et 170 de la ville polonaise de Gdansk. Ce territoire, qui ne possède aucune frontière avec la Fédération de Russie (d'où sa qualification d'« exclave »), est à la peine depuis le début de la guerre : à « König », comme les habitants d'ici appellent affectueusement leur ville en référence à Königsberg, l'ancienne capitale de la Prusse-Orientale, en 2022 la production de l'industrie manufacturière a chuté de 20 % par rapport à 2021 et les revenus de la population ont décru plus fortement qu'ailleurs. « J'ai un appartement à Berlin, je ne peux plus y aller, je vis ici comme en prison et personne ne sait de quoi notre vie sera faite demain », se lamente un entrepreneur qui a prospéré dans le béton. Comme presque tous les habitants de l'exclave russe, Igor vient d'ailleurs : il est originaire de la ville de Krasnoïarsk, en Sibérie, et sa mère est née à Kharkiv, en Ukraine, un détail qu'il me glisse dès le début de notre conversation. Engoncé dans un drôle de pull à motifs asymétriques, l'homme d'affaires qui s'est établi à Kaliningrad après son service militaire me fixe derrière ses fines lunettes rectangulaires. « Chaque jour, ici, le nombre d'entreprises décroît et je n'ai plus de ciment », martèle celui qui n'a jamais accepté l'annexion de la Crimée en 2014 et s'est piqué de politique jusqu'à diriger l'antenne locale d'un parti d'opposition. Sur ses 300 employés, deux ont été mobilisés, dont l'un est déjà mort sur le front. Du coup, Igor préserve ses équipes, sa santé mentale et surtout il a abandonné la politique. Mais si son monde s'est rétréci, il se refuse à le quitter. Quel poids aurait-il ailleurs ? Comment reconstruirait-il sa vie ? Cela en vaut-il la peine ? À Kaliningrad, Igor connaît personnellement le gouverneur et tous les acteurs politiques, économiques et culturels.

Longtemps qualifié de « fenêtre sur l'Europe », le trophée de guerre prussien arraché par Staline à Yalta puis intégré en 1945 à la république socialiste soviétique de Russie a d'abord été soumis à une soviétisation brutale. Après la guerre, attirées par d'alléchantes promesses, toutes les nationalités de l'ex-empire soviétique ont été incitées à aller s'installer à la place des Allemands dans cette région fermée aux touristes jusqu'au début des années 90. Après l'annexion de la Crimée en 2014, l'exclave se fortifie de plus belle : non seulement elle abrite le siège de la flotte de la Baltique, mais aussi des systèmes antimissiles S-400 d'une portée de 400 kilomètres et des missiles balistiques à vecteur nucléaire capables d'atteindre Varsovie ou Berlin.

Depuis, la « fenêtre » se serait-elle transformée en meurtrière ? « Alors qu'on se nourrissait des échanges avec l'Europe, tous les investissements étrangers ont disparu et le niveau de vie local baisse », lance catastrophé Solomon Ginzburg, soixante-trois ans, ex-député local de l'opposition libérale pendant quatre mandats. « Le seul endroit où les indicateurs sont pires, c'est en Ingouchie, dans le Caucase ! » souligne l'historien, convaincu que plus la guerre durera, plus la situation se dégradera. Témoin privilégié de la lointaine « flambée démocratique kaliningradoise » quand, à deux reprises, en janvier 2010, la région avait été l'une des premières à voir ses citoyens sortir en grand nombre dans la rue manifester son mécontentement avant même les foules sur la place de la Bolotnaïa, à Moscou, le 6 mai 2012, Solomon Ginzburg admet que cet état d'esprit frondeur s'est envolé. « La Russie s'autodétruit parce que son empire n'a plus de bases pour rester un empire ! Il nous manque cette certitude qu'on vivra mieux ensemble plutôt que séparément. On vit dans le simulacre.

Comme l'avait décrit le marquis de Custine, la Russie, c'est que du décorum ! »

« Qui perdrait son temps à réfléchir de façon critique sans disposer du moindre levier d'action ? »

Pendant les quinze dernières années, Kaliningrad a bénéficié d'un taux d'investissements étrangers enviable. À l'occasion des quatre matchs de poules de la Coupe du monde de football de 2018, de très nombreux fans ont séjourné dans cette drôle de région du nord de l'Europe centrale aux rangées d'immeubles bétonnés soviétiques et aux places démesurées bordées de bâtisses en brique aux toits pointus. Attirés par la proximité de l'Europe, les prix bas et un climat tempéré, un nombre croissant de touristes russes y ont acheté des appartements, notamment sur les rives de la Baltique, dans les stations balnéaires de Zelenograd et Svetlogorsk. Mais, depuis la guerre, ces touristes ne viennent quasiment plus. « Les Russes ont cessé d'acheter de peur de se retrouver coincés ici », explique un ex-journaliste. « Beaucoup sont employés dans des structures d'État ou des entreprises privées financées par des contrats publics et personne n'a envie que son niveau de vie change. Presque tous approuvent la guerre par conformisme, personne n'émet publiquement la moindre plainte ou critique et chacun se concentre sur sa vie privée. Qui perdrait son temps à réfléchir de façon critique sans disposer du moindre levier d'action ? »

En 2004, pour son dossier d'adhésion à l'Union européenne, la Lituanie voisine a été contrainte d'organiser le libre transit des marchandises de et vers la Fédération de Russie via son territoire. Résultat : une centaine de trains de passagers et de marchandises non militaires relient mensuellement l'exclave à la Russie continentale en traversant le territoire d'un membre de l'Union européenne et de l'OTAN et celui de la Biélorussie, une alliée de Moscou ! Mais l'invasion et les sanctions ont modifié la donne et l'Europe a dû concocter un système de quotas plus ou moins respecté par la Lituanie après qu'elle a bloqué le transit de certaines marchandises [1], provoquant un tollé à Kaliningrad.

Même l'industrie automobile a dû s'adapter. Avtotor, une fierté locale, la première entreprise russe à avoir assemblé des voitures de marque étrangère en Russie post-soviétique depuis 1997, a réagi. Dirigée par un ancien vice-Premier ministre soviétique, l'usine qui a produit et assemblé jusqu'à 250 000 voitures par an a déjà remplacé ses modèles Kia, BMW et Hyundai par un modèle chinois. « C'est la guerre, mais pas pour les affaires », rigole l'ex-journaliste.

Si les marchandises ont du mal à être acheminées, la circulation des personnes est véritablement entravée.

1. Dès le 18 juin 2022, matériaux de construction, ciment, charbon, métaux ont été bloqués.

Depuis 2012 et l'accord sur les « petits mouvements frontaliers », moyennant 20 euros, les Russes de Kaliningrad avaient le droit de se rendre dans la plus grande partie de la Varmie-Mazurie polonaise ainsi qu'en Poméranie, jusqu'au port de Gdansk. Une majorité de Kaliningradois avaient pris l'habitude de faire leurs courses d'alimentation en Pologne pour trois fois moins cher et un choix beaucoup plus large ; certaines professions, comme les enseignants et médecins, s'étaient habitués à travailler dans des pays de l'UE, augmentant considérablement leur niveau de vie. Rien de tout cela n'est plus possible depuis que la Pologne et les pays baltes ont interdit l'entrée de leur territoire aux touristes russes même munis de visa. De plus, après que l'aéroport de l'exclave a annoncé de nouvelles liaisons internationales, notamment vers la Turquie, les 200 kilomètres de frontière entre Kaliningrad et la Pologne vont être clôturés. Pour sortir de la région, ne reste que la route. Qui veut rejoindre l'aéroport de Varsovie doit passer par la Lituanie, moins « regardante » sur le passeport présenté.

Je retrouve un couple d'entrepreneurs rencontré une quinzaine d'années auparavant. Alors que nous dînons dans le « quartier des pêcheurs », je sens leur méfiance : parler à une journaliste occidentale pendant cette guerre représente un risque. Dans cette petite région où toutes les élites se côtoient, personne n'ose exprimer la moindre critique vis-à-vis du gouverneur. À Kaliningrad comme dans toutes les provinces russes, personne ne souhaite voir les masques tomber. Typique de cette génération post-soviétique d'hommes d'affaires avisés, Andreï, le patriarche, a vécu deux vies : la première, sous l'URSS, et la seconde, dans les années post-soviétiques, qui lui a permis de démultiplier sa fortune. « Si je ne m'étais pas adapté, on ne serait pas en train de dîner ici ! » assure-t-il. Savourant une bouteille de vin d'un petit producteur de Bourgogne, je me rends compte que le couple n'est pas vraiment concerné par toutes ces restrictions. Ils sont riches, leur fortune est solide, les enfants et petits-enfants vivent dispersés entre Londres, Berlin et Jérusalem et disposent, comme eux, de multiples passeports. Andreï admet que la guerre n'a pas modifié sa vie, tout juste complexifié une logistique qui n'était déjà accessible qu'aux nantis. Pour ses allées et venues hors de l'exclave, il a été contraint de changer de chauffeur : son employé attitré, détenteur d'un passeport russe, ne pouvait plus passer la frontière. Il a fallu embaucher un Lituanien de Kaliningrad.

« Chacun subit, personne n'est véritablement heureux, c'est une catastrophe ! »

Après une adolescence sibérienne, Tatiana Stetsoura est venue rejoindre ses parents retraités des forces armées russes dans l'exclave en 2020. Juriste indépendante spécialisée dans le droit anti-monopole [1], la jeune femme de trente-sept ans à la chevelure rousse ondulée a passé son adolescence à Oulan-Oude, la capitale de la Bouriatie (5 500 kilomètres à l'est de Moscou par la route), où Nadejda Nizovkina, une jeune femme de son âge, défenseuse des droits humains, est devenue sa meilleure amie. Ces deux juristes déterminées représentent la nouvelle capacité de résistance à la machine bureaucratique russe : à la fois « patriotes » mais dupes de rien, toutes deux rêvent d'une société moins répressive, plus égalitaire et, surtout, plus libre.

Tatiana réprouve l'invasion de l'Ukraine par les forces armées de son pays tout comme l'emploi de la violence en général et s'acharne à défendre le droit de chaque peuple à s'autodéterminer. Ainsi elle considère que la Tchétchénie, la Crimée, la république de Donetsk ou celle de Louhansk ont le droit de décider par elles-mêmes de leur futur statut. À ses yeux, même la Bouriatie de son adolescence devrait organiser un référendum sur l'indépendance, c'est une question de justice, de liberté et de transparence, et tant pis si cela induisait la dislocation de la Fédération de Russie ! « Kaliningrad est une région touristique, donc une ressource pour le

1. Tatiana Stetsoura a été citée à deux reprises dans la liste des « *jurists rising stars* » publiée dans le quotidien *Kommersant* du 5 avril 2023. Catégorie « droit anti-monopole » et « droit écologique ».

pouvoir central, elle a aussi le droit à l'autodétermination », déclare-t-elle à propos de l'exclave. Mère d'un bébé de quelques mois, Tatiana passe ses journées devant son écran d'ordinateur à suivre en ligne les procès des tribunaux de commerce auxquels elle participe. Son métier est d'aider les entreprises locales dont les contrats publics ont été impactés par les sanctions. En cas de désaccord commercial, à cause du régime des sanctions, le cas de force majeure est de moins en moins pris en considération par l'État. Les demandes de règlement à l'amiable étant systématiquement ignorées, la justice prend le relais. « Je suis submergée de demandes d'entreprises qui ne savent plus comment se défendre face aux violations de leurs droits, notamment sur le marché ultra-convoité des commandes publiques où l'État refuse sa responsabilité et se défausse de plus en plus », explique Tatiana. Surtout, le contexte de guerre a introduit des postures politiques jusque dans les domaines les plus variés, ce qui donne à la juriste l'impression de résister en luttant contre les abus des administrations. Marquée par la lecture des ouvrages de la journaliste d'opposition Anna Politkovskaïa [1], Tatiana reconnaît qu'avant la guerre, elle a pu soutenir plus ou moins passivement le pouvoir. Aujourd'hui, elle réprouve le conflit et considère la victoire russe « impossible » et « injuste », mais ne souhaite pas pour autant

1. Auteure, notamment, de *La Russie selon Poutine*, Folio Documents, 2006.

la victoire ukrainienne. D'ailleurs, aucun Russe anti-guerre à qui j'ai parlé ne m'a avoué souhaiter une franche victoire de l'Ukraine.

Tatiana sait qu'officiellement « tout fonctionne selon le plan », selon l'expression consacrée de Vladimir Poutine. Mais elle sait aussi que dans la réalité, « ni les fonctionnaires, contraints de raisonner à ultra-court terme, ni les citoyens lambda ne sont plus capables de planifier leur vie. Chacun subit, personne n'est véritablement heureux, c'est une catastrophe ». À mi-voix face à un énième thé dans un coffee-shop de poche où retentit soudainement la *Chanson pour l'Auvergnat* de Georges Brassens, la jeune juriste se dit choquée par la « fascisation de la société des deux côtés ». Mais tant qu'elle aura la force de résister, Tatiana aidera ses concitoyens à faire dignement face aux injustices légales.

« À quoi ça sert de faire des enfants si c'est la guerre ? Dans les années 90, c'était le chaos, mais, au moins, on avait l'espoir. Aujourd'hui on a quoi ? »

À six heures d'avion de Moscou vers l'est, je retrouve la Russie de toujours, celle qui a le moins changé ces dernières années. Oulan-Oude, capitale de la Bouriatie, coincée entre la rive orientale du lac Baïkal et la Mongolie sur son flanc sud, reste d'aspect encore soviétique, ce que souligne la monumentale tête de Lénine fichée sur un piédestal au centre de la place non loin de mon hôtel. Dès l'annonce de la mobilisation, en septembre 2022, de nombreux Bouriates de Bouriatie et Mongols de la république voisine de Touva (d'où est issu le ministre de la Défense Sergueï Choïgou) ont fui vers le pays étranger le plus proche, la Mongolie [1]. « La révolution est le fait de ceux qui n'ont rien à perdre. Voilà pourquoi elle n'arrive pas à prendre dans la Russie d'aujourd'hui où on a tous quelque chose à perdre ! » m'expliquait un officier de réserve bouriate employé du parquet sur l'Arbat local [2].

Depuis le début de l'« opération militaire spéciale », certaines Républiques de la Fédération de Russie paient un prix humain plus élevé que d'autres : à en croire les statistiques tenues à jour par des organisations non gouvernementales qui surveillent réseaux sociaux, nécrologies et autres sources ouvertes, c'est le cas de la Bouriatie, une région bouddhiste où les autochtones,

1. Le 25 septembre 2022, l'ancien président de la Mongolie (2009-2017) Tsakhia Elbegdorj s'est adressé directement à Vladimir Poutine dans un message vidéo où il dit : « Je sais que depuis le début de cette guerre sanglante les minorités ethniques vivant en Russie ont souffert le plus. Les Mongols de Bouriatie, de Touva et de Kalmoukie ont beaucoup souffert, ils ont été utilisés comme de la chair à canon. Des centaines parmi eux ont été blessés, des milliers ont été tués. Nous, les Mongols, nous vous accueillerons à bras ouverts ! »

2. Du nom de la rue piétonne de l'Arbat à Moscou.

d'origine mongole, constituent 30 % de la population [1]. Depuis la fin de l'URSS, la majorité des usines de cette République traditionnellement agricole et nomade ne tournent plus, sauf celle qui fabrique les hélicoptères Mi-8, fleuron régional [2], économie de guerre oblige. Le moratoire sur la pêche à l'omoul [3] décrété en 2017 par le ministère de l'Agriculture ainsi que l'interdiction de couper du bois jusqu'à 80 kilomètres du littoral ont privé de nombreux Bouriates de revenus et les ont incités à s'engager dans l'armée. Grâce à des salaires trois fois supérieurs à la moyenne, l'institution militaire est devenue un indéniable ascenseur social.

Au moment de la mobilisation, dans la désorganisation ambiante, le gouverneur a d'abord communiqué sur ses réseaux sociaux pour rassurer les citoyens paniqués. Depuis que les cercueils sont revenus nombreux, les informations se sont raréfiées. Je me rends au cimetière principal, à une quinzaine de kilomètres de la

1. Selon le décompte de Mediazona et de la BBC. Au 7 février 2024, sur les 43 460 pertes fédérales supposées (ce chiffre est une minimale), 1 140 hommes de Bouriatie sont morts au combat alors que les chiffres des autres « sujets » de la Fédération de Russie sont moins élevés, notamment dans les régions urbaines de Moscou et de Saint-Pétersbourg.

2. Ouverte depuis 1939, cette usine a équipé des armées du monde entier en hélicoptères Mi-8, mais elle a aussi produit les machines à laver le linge Belka jusqu'en 2000.

3. Un poisson endémique du lac Baïkal.

capitale où, de loin, se détache le drapeau rouge, jaune et noir de l'organisation des mercenaires Wagner. « Sang, Honneur et Patrie » est sa devise. À ses côtés, l'étendard tricolore de la Russie et celui de la 5e division de tankistes locale claquent au vent. Caressant le marbre glacé de la pierre tombale, les mains gantées d'une mère s'attardent sur la représentation du visage de son fils tandis que des membres de sa famille l'attendent dans un minivan surchauffé. Comme le veut la tradition orthodoxe, elle visite sa tombe au quarantième jour de son décès et pleure en silence dans le froid. À la vue de ces fraîches sépultures, et même si son fils unique n'est pas sur le front mais « en sécurité » en Mongolie voisine, Touïana, quarante-sept ans, mon accompagnatrice, se met elle aussi à sangloter : jamais elle n'aurait pensé les tombes si nombreuses. « C'est honteux que personne ne prenne la parole pour dire qu'il faut cesser ce carnage. À quoi ça sert de faire des enfants si c'est la guerre ? Dans les années 90, c'était le chaos, mais, au moins, on avait l'espoir. Aujourd'hui on a quoi ? Même le plus haut dignitaire du bouddhisme soutient la guerre, ça me rend malade ! On sait bien que tous nos religieux reçoivent de l'argent de l'État mais il aurait pu au moins se taire ! »

Après la visite au cimetière, cette commerciale d'une chaîne de pharmacies se précipite sur les hauteurs de la capitale pour ne pas rater le service religieux matinal au temple Rimpotche-Batcha où une population de tous âges se serre sur les bancs de bois. Face aux fidèles, six lamas, dont un Russe, psalmodient en chœur pour « tous les garçons là-bas ». Sur deux tables de part et d'autre de la salle, des produits laitiers apportés par les croyants sont prêts à être bénis. Mains jointes, Touïana fait lentement le tour du temple et s'arrête devant la photographie du dalaï-lama qui a rendu visite à la Bouriatie en 1991. « Quand Vladimir Poutine nous rabâche que tout est conforme au plan, on se demande bien de quoi il parle… Quand on voudrait me faire croire qu'on vit mieux ici et maintenant grâce à Poutine alors que tout le monde vit à crédit… j'ai honte… », lâche-t-elle. En contrebas du temple, de minces filets de fumée s'échappent des cheminées. À chaque carrefour de la colline, des véhicules débordant de bois attendent le client : un chargement coûte plus de 200 euros et il en faut au moins trois ou quatre pour tenir tout l'hiver, une véritable fortune, « du coup, on se chauffe au charbon, c'est moins écologique, mais c'est moins cher ! » explique Touïana, qui, elle, a constitué ses stocks avant l'hiver.

« Aujourd'hui, plus besoin de faire de la politique pour déplaire au pouvoir ! »

Onze années avant que n'éclate la guerre entre la Russie et l'Ukraine, à Oulan-Oude, Tatiana Stetsoura et Nadejda Nizovkina, alors âgées d'un peu plus de vingt ans, avaient été accusées d'« incitation à la haine envers le FSB, le ministère de l'Intérieur, les autorités pénitentiaires et l'Armée [1] ». Méfiantes envers les avocats qu'elles soupçonnaient de rester loyaux au « système », les deux provinciales s'étaient défendues elles-mêmes, forçant le respect jusque dans les rangs des organisations de défense des droits de l'homme moscovites.

Prémonitoire de l'ampleur de la répression à venir, l'affaire des deux copines juristes, suivie de nombreux autres incidents et confrontations avec l'État, ne s'est close que huit ans plus tard. Ironiquement, ce sont ces démêlés avec la justice qui ont fait naître chez chacune l'ardent désir de défendre son prochain. « J'aimerais qu'une rue d'Oulan-Oude porte le nom de Nadejda parce qu'elle est une figure plus engagée et radicale que moi ! Nadejda mériterait d'être officiellement chargée de la défense des droits de l'homme en Bouriatie tant elle personnifie ce combat ! » clame fièrement Tatiana depuis Kaliningrad.

Née sous le dirigeant soviétique Mikhaïl Gorbatchev, Nadejda Nizovkina, trente-sept ans, à qui ses fines lunettes rectangulaires et ses cheveux noirs tirés en arrière donnent un air sévère, n'a pas connu la Russie sans le président Poutine. Comme Tatiana, sa « jumelle » de Kaliningrad, Nadejda, qui vit, elle, à Oulan-Oude, ne

1. Cf. article 282.1 du Code pénal de la Fédération de Russie. https://humanrightshouse.org/articles/nadezhda-nizovkina-and-tatiana-stetsura-sentenced-to-a-fine/

prend plus la peine d'aller voter depuis longtemps, mais elle aussi est convaincue qu'« un avenir meilleur est possible », affirmant qu'elle serait la dernière à quitter son pays. « Si la Russie devenait encore plus fasciste, ce serait une raison de plus pour y rester ! » clame Nadejda. En revanche, pas question pour elle d'avoir des enfants : être mère engendre de l'émotion. Or Nadejda pense que seule cette rationalité lui permet de « tenir ». La juriste connaît ses droits par cœur, la Constitution de son pays aussi, et sait que pour se défendre, ou pour défendre les autres, il vaut mieux toujours « attaquer ». D'une voix fluette, recherchant le juste mot, elle dénonce inlassablement « l'avancée du totalitarisme ». En 2022, Nadejda a entamé cinq grèves de la faim, dont l'une l'a menée à dix jours d'hospitalisation. Chaque fois elle déploie une tactique imparable en refusant poliment de coopérer. Dans un souci permanent de transparence, elle filme le plus possible ses actions en direct. Où trouve-t-elle ses forces ? Comme Tatiana, Nadejda choisit à ses risques et périls les dossiers qui lui permettront d'illustrer le mieux la répression et la « censure » en Russie. Et rien ne la satisfait plus que de réussir à bloquer le fonctionnement des organes répressifs. En décembre 2011, les deux amies avaient manifesté à Moscou pour contester le résultat des élections [1], affichant à leur cou un panneau proclamant :

1. Des manifestations de l'opposition avaient eu lieu le 10 décembre (entre 50 000 et 80 000 personnes) et le 24 décembre 2011 (plus de 50 000 personnes, selon des observateurs indépen-

« La Loubianka [1] doit être détruite », ce qui a conduit à leur arrestation et leur envoi en asile psychiatrique pour deux jours, dans la plus pure tradition soviétique. Le 6 mai 2012, elles ont participé à la manifestation monstre de la Bolotnaïa [2].

Nadejda tient à ce qu'on la qualifie de « juriste » et non d'« avocate » puisque, pour des raisons financières, elle n'a pas encore passé l'examen du barreau. « Imaginons que je réussisse, de toute façon le barreau pourrait me reprendre ce titre si je faisais ou disais quelque chose qui ne leur plaît pas… comme ils l'ont fait avec Tatiana il y a dix ans, alors même si je l'obtiens, ça risque de ne pas être pour très longtemps », se console-t-elle, lucide. Tout comme Tatiana, Nadejda refuse d'être qualifiée d'« activiste », une appellation qu'elle considère connotée négativement : ainsi nommait-on les opposants sous le régime communiste et ainsi nomme-t-on les prisonniers collaborant avec l'administration dans les maisons d'arrêt.

Fille unique d'un couple de militaires retraités, Nadejda est une personnalité publique dont le travail et

---

dants) à Moscou en signe de contestation du résultat des élections législatives de l'automne.

1. Lieu de la place où se trouve le bâtiment abritant le siège du FSB, ex-KGB.

2. Le 6 mai 2012, cette manifestation autorisée d'à peu près 10 000 personnes à Moscou a donné lieu à de sérieux heurts avec la police.

les convictions sont connus des autorités russes et des milieux de défense des droits humains. Aussi, tout comme Tatiana à Kaliningrad, elle souhaite que son nom de famille soit publié. « Je ne veux pas qu'on croie que j'ai peur de me mettre en danger. Au contraire, mon nom dans ton livre peut me sauver [1] », insiste-t-elle. En revanche, Nadejda redoute de se retrouver dans le collimateur du ministère de la Justice, en charge d'actualiser régulièrement la longue liste des « agents de l'étranger », mais elle pense que travailler seule et sans financement aucun l'aide à passer à travers les mailles du filet. Pourtant, depuis la guerre, railleries et quolibets à son égard sont plus fréquents et insidieux. Sa position « civique antisystème » est systématiquement tournée en ridicule, elle n'est plus invitée à des festivals de littérature ou de poésie aussi fréquemment qu'auparavant et, surtout, on lui met des bâtons dans les roues pour se rendre à l'étranger, voire se déplacer à l'intérieur de la Russie.

Indifférente à l'atmosphère générale délétère, Nadejda s'est donné pour mission de démontrer l'inanité de la lutte permanente et renforcée des autorités contre l'« extrémisme » [2]. « Sous Poutine, le nombre de

1. Que Nadejda Nizovkina et Tatiana Stetsoura soient ici remerciées et leur courage souligné : elles sont quasiment les seules, hormis des officiels, à avoir accepté de ne pas rester anonymes.

2. En novembre 2023, le ministère de la Justice russe a demandé l'interdiction pour « extrémisme » du « mouvement de société international LGBT ». Un an auparavant, le Parlement russe avait adopté

victimes des répressions politiques n'a cessé de croître, observe Nadejda. Aujourd'hui, on peut être emprisonné pour avoir reposté une simple déclaration critique à propos de l'armée ou du régime et les dénonciations explosent. Plus besoin de faire de la politique pour déplaire au pouvoir ! » Il y a une dizaine d'années, lors de sa soutenance de thèse sur « les limites à la liberté d'expression », elle avait reçu les honneurs du jury, un succès qui aurait pu augurer d'une belle carrière universitaire en faculté de droit, mais le thème de sa recherche a immédiatement intéressé les agents du FSB chargés de garder un œil sur les étudiants. « Ils ont voulu m'intimider, ont essayé de me discréditer. Ma carrière à la fac était foutue dès le départ », avance la juriste. Dommage, car Nadejda aurait sans doute été une professeur passionnée. À la suite de cet échec, elle s'est réorientée vers l'aide légale envers les discriminés.

Partout en Russie, la profession de « défenseur des droits » reste incomprise de la population et jalousée des avocats se méfiant de ces « activistes » qui leur font de la concurrence. L'entêtement de Nadejda, sa capacité à vivre frugalement, à faire des économies sur tout, son astreinte à se déplacer principalement à pied et, surtout,

---

une loi interdisant la « propagande » LGBT+, désormais bannie auprès de tous les publics, dans les médias, sur Internet, dans les livres et les films. Pendant l'été 2023, alors que la Russie a longtemps eu une des législations les plus libérales au monde en la matière, le Parlement a interdit toute transition de genre.

à faire très attention à ne recevoir aucun argent depuis l'étranger forcent le respect. À l'été 2023, la juriste a défendu un engagé bouriate : « Un gars qui refusait de rempiler. Il était sous pression de son commandant alors qu'il avait rédigé une belle lettre motivant son refus. » Elle a gagné son procès. « La mobilisation a pris des airs de nettoyage ethnique vis-à-vis des populations non russes. C'est visiblement dans l'intérêt du Kremlin de transposer la responsabilité du méchant combattant sur des hommes au faciès bouriate et asiatique, mais tout ça c'est du pur racisme monté en épingle par le FSB ! Et ça permet d'étouffer tranquillement les velléités d'indépendance de notre République ! » lance la farouche juriste, elle-même mi-tchouvache mi-mordve [1]. Nadejda est ulcérée par l'image que les médias d'État véhiculent à propos des Bouriates, les accusant de compter parmi les plus féroces combattants sur le front en Ukraine, ce qui a même été souligné par une étrange déclaration du pape François [2]. « J'entends de plus en plus dire que cette

1. Du nom de deux Républiques autonomes de la Fédération de Russie : la Tchouvachie et la Mordovie.

2. Cf. revue *America* du 28 novembre 2022, interview exclusive du pape François. « Quand je parle de l'Ukraine, je parle de la cruauté parce que j'ai beaucoup d'informations sur la cruauté des troupes qui y vont. Généralement, les plus cruels sont peut-être ceux qui viennent de Russie mais qui ne sont pas de tradition russe, comme les Tchétchènes, les Bouriates, etc. » Face au tollé de réactions, le département de communication du Vatican a tenté de minimiser.

guerre en Ukraine n'est pas la nôtre. C'est vrai qu'on peut se demander pourquoi les Russes ne souffrent pas autant que les autres peuples envoyés au front ! » Courageuse, mais pas intrépide, Nadejda a préféré que je ne me rende pas chez elle où nous aurions été plus tranquilles : ses voisins auraient pu la dénoncer.

Après notre rencontre, j'achète trois yaourts pour 271 roubles dans un supermarché et refuse la monnaie sur 300 roubles. Ne sachant que faire des quelques pièces au creux de sa main, la caissière hésite. « J'veux bien récupérer la monnaie ! » s'élève une voix dans la queue : un jeune homme ravi avec à peine 50 centimes d'euro. « Personne ne fait ça ici », me souffle Nadejda, gênée.

« *Au final, personne n'a pitié de nous* »

Mue par le désir de raconter l'histoire de ses deux neveux engagés dans la guerre en Ukraine, Darima, quarante ans, a accepté de me retrouver dans un café du centre-ville, bravant les conseils de son mari et de sa sœur angoissés à l'idée qu'elle se confie à une journaliste étrangère. « Je ne peux pas me taire, tout ça est trop injuste », affirme, émue, la dentiste de métier. Après s'être engagés par nécessité plutôt que par choix, ses neveux ont désiré rompre leur contrat. L'aîné a écrit trois fois à son commandant, qui chaque fois a déchiré sa lettre devant ses yeux. Combatif et déterminé, le cadet a lui aussi décidé de rédiger une lettre. « Quand il l'a remise au commandant en mains propres, il a menacé de se plaindre au parquet militaire s'il ne donnait pas suite et le commandant a craqué : mon neveu et deux autres Bouriates ont fini par être autorisés à quitter la ligne de front ! On voit bien qu'il n'y a pas de règles et que c'est à la tête du client ! » raconte la tante éplorée. « Mais le pire, c'est quand mon cadet est rentré cet été, l'horreur ! Tout le monde l'a traité de trouillard ! Comme si la société lui faisait psychologiquement payer de ne pas vouloir mourir ! » Autorisé à poursuivre son service militaire en Crimée, son neveu craint d'être de nouveau envoyé sur le front. Selon Darima, cette expérience de la guerre a profondément transformé les deux frères, devenus instables et violents. « Ils m'ont raconté qu'à la grande base de Rostov-sur-le-Don, quand les corps reviennent dans des camions réfrigérés, les proches doivent ouvrir eux-mêmes les portes du véhicule et retourner les monceaux de cadavres pour retrouver les leurs ! Ils m'ont aussi dit ne pas comprendre pourquoi, d'abord, on détruit tout, comme à Marioupol, et puis on reconstruit. Ils ne saisissent pas le sens de cette guerre ! » L'aîné s'est résigné et n'évoque plus la possibilité de rompre son contrat. Depuis le Donbass où il est stationné, il appelle régulièrement sa mère pour prouver qu'il est vivant.

Tout en parlant, Darima scrute l'heure sur son smartphone ; elle doit se dépêcher avant que son mari ne rentre du travail. Certains de ses amis qui ne soutenaient pas Vladimir Poutine avant la guerre l'apprécient aujourd'hui et la vie de Darima est chamboulée par ces volte-faces qui ont parfois clarifié les positions avec férocité. Question d'honneur, la dentiste préfère souffrir en affrontant lucidement la réalité plutôt que de continuer à prétendre que tout est « normal ». « Nous, Bouriates, nous nous taisons car nous avons une peur ancestrale du Russe, de celui qui a plus de pouvoir que nous, et parce qu'on se soucie trop de notre réputation. Si demain je racontais tout ça à ma famille et à celle de mon mari, ils me traiteraient de folle et l'image de notre clan en prendrait un coup… » Darima, son époux et leurs quatre enfants en bas âge souhaitent émigrer le plus loin possible : à partir de Moscou, fuir vers la Turquie, le Mexique pour passer la frontière américaine. « Cette guerre m'a fait réaliser que nous, Bouriates, n'existons pas pour les Russes qui nous méprisent. Quant à l'Occident… Pour vous on est des barbares juste parce que nos fils combattent en Ukraine. Au final, personne n'a pitié de nous… »

« Franchement, guerre ou pas, ça ne change rien à l'état d'esprit des étudiants ou des bouddhistes bouriates ! »

La veille de mon départ, un incident s'est produit. J'avais rendez-vous à l'université d'État avec un politologue spécialiste du bouddhisme, la seule rencontre que je n'avais pas organisée moi-même. Une des chargées de la communication du gouverneur avec qui j'étais en relation afin d'obtenir son interview (qui n'a pas eu lieu) m'avait suggéré un interlocuteur. Mal m'en a pris. Le jour dit, en m'entendant prononcer le mot « guerre », le professeur s'est raidi, a prétendu qu'elle n'existait pas et avancé que, « franchement, guerre ou pas, ça ne change rien à l'état d'esprit des étudiants ou des bouddhistes bouriates ». Ayant compris que je n'en tirerais rien, j'ai pris congé. Un caméraman et un journaliste de la télévision d'État locale m'attendaient juste derrière sa porte. Lorsque je suis sortie, la caméra tournait et le micro brandi sous mon menton portait le logo de la chaîne d'État russe Rossia 1. Ni l'un ni l'autre ne se sont présentés. Refusant d'être filmée, j'ai caché mon visage puis décidé de faire l'idiote, répondant laconiquement et naïvement aux questions du journaliste. J'étais ici pour m'intéresser à la religion, visitais la Bouriatie pour la première fois et n'appréciais pas complètement la cuisine locale parce que végétarienne. Toutes ces informations étaient insipides mais vraies. Quand le journaliste a mentionné l'« opération militaire spéciale », j'ai rétorqué ne pas m'intéresser à la politique. Fort heureusement, la médiocrité de ses questions montrait qu'il ne s'était pas renseigné, ne connaissait pas mon passé en Tchétchénie, ignorait la durée de mon séjour en Bouriatie et mon statut de correspondante de presse écrite.

De retour à l'hôtel, furieuse, j'ai téléphoné à mon contact de l'administration présidentielle. Mon interlocutrice a feint la surprise mais promis de se renseigner. Quelques minutes plus tard, elle rappelait : l'équipe de la chaîne d'État russe avait changé d'avis et ne diffuserait pas le sujet à mon propos au journal télévisé local comme initialement prévu. Quelle éclatante preuve qu'en Russie, les médias d'État travaillent main dans la main avec les structures de sécurité !

Chapitre VIII

En Ukraine

« Il paraît qu'on vit maintenant en "Novorossia" et qu'on devrait en être fiers. Mais nous, on sait bien que ce sujet hybride n'existe pas ! »

L'heure du départ a été fixée à 5 heures du matin. En tenue de camouflage – alors qu'aucun d'eux n'est militaire –, les membres de l'expédition posent dans l'obscurité pour la photo-souvenir. Je suis la seule femme. Le flash éclaire la campagne russe et révèle deux drapeaux qui flottent devant les maisons de bois : l'un est aux couleurs de la Russie, l'autre, gris-bleu, révèle le visage de Vladimir Poutine. Pendant les dix années où j'ai résidé en Russie, aucun de ces drapeaux n'était visible. Ces citoyens patriotes russes ont décidé de se rendre en convoi humanitaire depuis Pogost [1], dans la région russe de Riazan (Russie centrale), jusque dans la région ukrainienne du Donbass occupée par leur armée : 1 300 kilomètres de parcours. Je les accompagne.

1. Pogost est un village de 500 habitants situé à 350 kilomètres au sud-est de Moscou.

Le diacre, l'ex-cascadeur et le banquier d'affaires

Surexcité par le départ mais aussi quelque peu angoissé, Sacha, trente-quatre ans, père de trois enfants en bas âge, a été choisi comme conducteur principal. Il participe au « convoi humanitaire » pour la première fois et avoue avoir eu du mal à s'endormir la veille. Assise à l'arrière, je ne distingue que sa nuque et ses blonds cheveux mi-longs rassemblés en queue-de-cheval. Employé dans une entreprise de meubles et horticulteur à ses heures libres, un hobby partagé avec son épouse, Sacha, qui se signe ostensiblement à l'approche de chaque croix dressée aux abords de la plupart des bourgades traversées, même en pleine nuit, est diacre dans une église voisine.

Revenu vivre à quarante-sept ans dans son village natal après une carrière d'accessoiriste et de cascadeur dans les fameux studios Mosfilm de la capitale, Vitia dirige le groupe. Père de son premier enfant à dix-neuf ans (trois autres suivront), il a été exempté de service militaire, à l'époque d'une durée de deux ans. Organiserait-il ces convois d'aide aux militaires russes pour combler un manque ? Convaincu du bien-fondé de l'« opération antiterroriste » en Ukraine, Vitia dit aider bénévolement ceux qui, « sur le front, nous défendent. Je pourrais livrer des drones ou d'autres équipements militaires, mais je me limite à tout ce qui maintient le soldat au chaud », insiste l'ex-cascadeur dont c'est le sixième convoi. Informaticien à Moscou, son fils aîné n'a pas été mobilisé. « Ici, il l'aurait été », fait remarquer Vitia comme s'il le regrettait. « Pendant que nos politiques débattent sans fin, nous, au moins, on aide les nôtres à rester au chaud… et vivants », s'enthousiasme-t-il en achevant de vérifier les chargements.

« Pour le prix d'un drone, moi j'habille 200 mecs ! » s'était-il vanté lors de notre première rencontre quelques jours plus tôt sur le perron de sa maison, qui abrite un musée privé consacré à la Seconde Guerre mondiale. Par un froid glacial dont il semblait se moquer, j'avais visité l'exposition en compagnie d'un couple et de leur fils unique d'une dizaine d'années qui filmait avec son téléphone, commentant la moindre vitrine tel un blogueur professionnel ! « Pour le moment, le conflit entre la Russie et l'Ukraine n'occupe qu'une place minime dans mon petit musée, mais ça va changer », assurait aux visiteurs Vitia d'une voix neutre. Sous une vitre, je distinguai des insignes militaires ukrainiens « récupérés sur le champ de bataille », un couteau au manche orné d'une croix gammée et la photo d'un ami mort sur le champ de bataille en mars 2022 [1]. « Le musée est ma façon personnelle de m'intéresser à notre histoire passée. Les convois, c'est ma participation à l'histoire d'aujourd'hui », se justifiait l'ex-cascadeur. Depuis le

1. Sans aucun moyen de vérifier si ces objets étaient véritablement en provenance d'Ukraine.

début de la guerre en Ukraine, ce « musée du chevalier de fer », comme Vitia a nommé son exposition d'artefacts militaires, fait la joie des enfants des écoles avoisinantes, mais aussi celle des parents à la recherche d'une activité familiale pour le week-end. Même le nouveau gouverneur de la région est venu le visiter à l'improviste, et il a fait grande impression à Vitia : « C'est grâce à ce nouveau type de dirigeant qu'on aura moins de banditisme et de corruption en Russie. » Pour Vitia, la guerre en Ukraine ressemble fort à une aubaine qui l'aide à se sentir plus utile.

Troisième complice de l'aventure, Maxime, quarante-six ans, est chargé des fusions et acquisitions dans une grande banque moscovite. Partageant avec Vitia une profonde méfiance envers les structures de l'État russe ainsi que la conviction qu'il vaut mieux agir soi-même pour être efficace, le banquier a joint ses efforts à ceux du cascadeur et du diacre. Chacun collecte des fonds via la plateforme Telegram : Vitia (92 abonnés) auprès de ses contacts en province ; Maxime (31 abonnés) auprès de donateurs moscovites. La valeur d'un convoi est d'environ 600 000 roubles [1], qui permettent d'acheter 500 sous-vêtements thermiques, 500 paires de chaussettes (dans lesquelles sont glissés des chocolats), 1 000 paires de gants, 500 paires de *valenki* (bottes de

1. 10 000 euros selon le cours du rouble de l'automne 2022.

feutre à semelle de caoutchouc), des lunettes de protection pour les tankistes, des antibiotiques, des antalgiques, 400 litres d'huile de chauffage et une quarantaine de talkies-walkies. Sans oublier les lettres d'enfants, très attendues sur le front. Les six autres accompagnateurs, tous bénévoles de la région de Kassimov, ont eu vent de l'initiative par le bouche-à-oreille. Pour se rendre dans le Donbass, chacun a posé trois jours de congé sans solde et rien osé avouer à son épouse. L'« aventure » sera racontée une fois terminée.

Banquier d'affaires au niveau de vie élevé, Maxime a rejoint Pogost la veille au volant de son Austin Cooper toute neuve. L'été 2022, après plusieurs tentatives infructueuses, ce père de trois enfants, qui se présente comme un intellectuel friand des récits de Mikhaïl Boulgakov et d'Ernest Hemingway, a obtenu un congé sans solde de sa banque. Il avait convaincu un commandant de brigade lui-même gratte-papier d'accepter sa présence sur le front du Donbass quatre semaines durant. Dans quel but ? « Voir ce qu'on est en train de faire là-bas pour écrire un livre. » Ultra-privilégié, Maxime aurait pu tenir ce conflit éloigné de ses préoccupations, mais il motive son besoin de « regarder cette guerre » par trois raisons : le sens du devoir, le fervent désir de rendre quelque chose au pays qui l'a éduqué alors qu'il se considère comme « un parasite qui n'a même pas fait l'armée », et l'excitation de tenir un sujet littéraire. « J'étais enfant au moment de la dislocation de l'URSS et ma génération n'a vécu aucun fait historique important. Cette guerre est un événement considérable qui modifie nos frontières ! » avoue Maxime, à la fois horrifié et attiré par la situation, comme s'il était en manque de sensations fortes et que son tour était enfin arrivé de « donner un sens à sa vie ». Maxime a bien été tenté de rejoindre la milice Wagner ou un bataillon tchétchène mais son épouse s'y est opposée. L'armée officielle, à la rigueur, mais rien d'autre. « Je suis allé sur le front rempli de patriotisme et d'idéal et j'en suis revenu la tête pleine de merde », répète le banquier qui a couché son expérience dans un livre [1]. « Le haut commandement ne respecte pas ses soldats et ne protège pas leur vie », s'est-il rendu compte sur place, estimant lui aussi que les rotations ne sont pas assez fréquentes : les soldats restent souvent plus de neuf mois aux avant-postes sans voir leur famille. Maxime est également choqué par l'indifférence des gradés vis-à-vis des soldats. « Les officiers traitent leurs subalternes de chacals et eux n'attendent plus rien des officiers ! » peste-t-il. Si, ces dernières années, il a voté pour Vladimir Poutine à plusieurs reprises, il ne tolère désormais le président que parce qu'il a rendu la Russie indépendante dans sa politique étrangère. Issu du monde de l'entreprise, cet homme rationnel raisonne en termes de résultats. « J'imaginais notre armée plus forte. Sur le front, j'ai

1. Maxime Chtcherbakov, *Châtiment*, 2022, non traduit.

été témoin du chaos et de l'absence d'organisation. Ça fonctionne grâce à l'intelligence et à la bravoure de certains commandants mais notre incompétence et notre fragilité m'attristent, concède-t-il avec émotion. Quant à nos dirigeants politiques et aux propagandistes des médias dont tous les enfants sont à l'étranger, je les hais. » Maxime comprend la réaction des Ukrainiens acculés dans une position de défense (« Je ferais la même chose à leur place »), mais les déclarations sempiternellement pro-OTAN de Volodymyr Zelensky lui font accepter et soutenir cette guerre. Il ajoute néanmoins que « si la Russie avait soutenu les envies démocratiques de l'Ukraine, on n'en serait pas là. Or, depuis 2014 on a appris aux Ukrainiens à nous détester. C'est normal, on leur a pris la Crimée. Comme l'Ukraine renferme un morceau de notre Histoire, ça fait encore plus mal ». La veille, alors que nous roulions tous deux entre Moscou et le lieu de départ du convoi, Maxime m'avait confié avoir été saisi de stupeur en visionnant des dizaines de vidéos où l'« on coupe la gorge des Russes comme à des moutons ». Comme une immense majorité de ses concitoyens, il pensait (espérait) que l'armée prendrait Kiev en trois jours, et même qu'elle irait jusqu'à la frontière avec la Pologne ! Depuis, il ne décolère pas. « Depuis le 24 février 2022, la Russie ne fait plus peur à personne, et depuis 2014, plus personne ne nous respecte à cause de la Crimée. Le prix de l'aventure est trop élevé. Poutine va devoir payer », maugrée le banquier.

De part et d'autre de la route, les arbres tendent leurs longues et fines branches emprisonnées par le gel. Nous roulons depuis deux heures et demie, mais la lueur de l'aube reste lointaine. Pour communiquer dans le convoi, les hommes utilisent des talkies-walkies. Notre 4 × 4 Nissan est la « *коробка два* » (« boîte n° 2 »), la berline Lada devant nous, sur le capot de laquelle on peut lire en lettres majuscules : « Kassimov au front ! », répond au nom de code « *коробка один* » (boîte n° 1), et la fourgonnette GAZelle [1] remplie de deux tonnes de marchandises qui nous précède est « *коробка три* » (« boîte n° 3). Quelques minutes après le départ, Maxime stoppe le convoi : il ne trouve plus son téléphone portable. Quand Vitia l'appelle, son appareil sonne, étouffé à l'intérieur de l'habitacle. Il est coincé entre des sacs plastiques de victuailles et un amoncellement de gilets pare-balles dont la rigidité prend toute la place. Sans que je la provoque, une discussion animée s'engage entre ce drôle d'équipage formé par Sacha le diacre, Vitia l'ex-cascadeur et Maxime le banquier.

Maxime a connu Vitia à Moscou quand il a eu besoin d'un instructeur de moto ; Vitia et Sacha sont voisins à la campagne et le chef de la communauté religieuse à

1. Modèle très populaire en Russie du constructeur automobile GAZ.

laquelle appartient Sacha a, lui aussi, visité le musée militaire de Vitia et l'a publiquement loué. Le diacre, qui visiblement passe beaucoup de temps à regarder la télévision, est convaincu que la Russie a envahi l'Ukraine à la demande expresse des régions ukrainiennes du Donbass.

— Vladimir Poutine ferait mieux de se préoccuper d'améliorer les conditions de vie et de fonctionnement de l'armée s'il veut vraiment éviter le chaos... Bref, tu verras sur place ! lui assène en guise de réponse, cynique, Maxime.

— Ben non, moi, je fais confiance à Poutine, rétorque le religieux en se retournant, ce qui nous vaut une dangereuse embardée. Y a moins de pauvres aujourd'hui en Russie que dans les années 90, et pour moi, c'est ça qui compte, poursuit-il avec conviction. D'ailleurs, grâce à toutes ces aides, notamment pour les enfants, moi et ma famille on vit mieux et on n'est pas les seuls, grommelle-t-il, arc-bouté sur son volant.

— Mais pourquoi est-ce que je ne reçois aucune aide alors que j'ai trois enfants comme toi ? lâche Maxime.

— Tu gagnes plus que moi, c'est normal que tu reçoives rien ! En aucun cas Poutine n'est responsable de l'oligarchie, poursuit Sacha dans l'aube naissante. Toute cette merde date de Gorbatchev. Vladimir Vladimirovitch, lui, il a plutôt développé notre pays !

— Peut-être, mais sous Staline, tout était davantage contrôlé donc plus efficace, et c'est pas le cas aujourd'hui, tu verras sur le front, c'est pour ça qu'on y va, ajoute Maxime, très en verve. Tu vois bien qu'on est obligés d'apporter des vêtements à nos soldats. Parce que notre pouvoir, lui, il est capable que de voler !

Sacha n'est pas convaincu.

— Bon, on jugera au résultat, tranche Maxime. Nos soldats sont des héros… mais au pouvoir en Russie y a que des connards incapables de les habiller !

— C'est vrai qu'on n'a pas vraiment de résultat pour le moment, admet Sacha, qui tient à rester optimiste. Mais bon, au final, on gagnera, c'est bien pour ça qu'on fait ce convoi, non ?

Troublé par les accusations du banquier et désireux d'avoir le dernier mot, Sacha nous jette un regard appuyé, cette fois-ci via le rétroviseur, et lance :

— En fait, le meilleur système, c'est la monarchie… l'empire, quoi… Non ?

La remarque ne me surprend pas : Sacha vit en quasi-autarcie dans une communauté monarchiste locale dirigée par un pope défroqué qui a tout de même béni le convoi.

Le visage appuyé contre la fenêtre, Vitia semble somnoler. Il n'entend pas Sacha qui poursuit :

— Le monde entier nous accuse de tous les maux, y a partout de la russophobie.

— Ah… des disputes émerge la vérité, prononce d'une voix claire le cascadeur.

Les militaires russes ne veulent pas qu'une journaliste étrangère voie leur base

À mi-chemin entre les villes de Tambov et Voronej, sur la voie rapide M4, des employées de la station-service publique Rosneft attendent le convoi, qui a visiblement ici ses habitudes. « Vitia prend toujours de l'essence ici, alors on prépare des friandises pour les soldats. Ça nous fait chaud au cœur de pouvoir aider les nôtres », explique une vendeuse. Pour tenir, les conducteurs carburent aux canettes de Red Bull. On récupère sur place un tankiste-mécanicien de retour de permission qui raconte, hilare, qu'à sa base, ils s'abreuvent de Coca-Cola importé d'Ouzbékistan à cause des sanctions ! Vers Bogoutchar, des militaires sur un blindé à chenilles viennent à notre rencontre récupérer la marchandise que Vitia a prévue pour eux. De nouveau sur la route, mi-amusés, mi-cyniques, les trois compères plaisantent, imaginant transformer leurs convois humanitaires en circuits touristiques payants pour aller visiter le front ! Mais quand Vitia reçoit par Telegram des vidéos montrant la ville de Donetsk, où nous comptons coucher, sous le feu de roquettes Grad ukrainiennes, le trio se fige. D'après les autorités locales pro-russes, cinq civils ont péri ce jour-là à Donetsk.

Les heures passent, la fatigue s'accumule, le convoi se désorganise. Maxime le banquier a bien tenté de prendre en main les opérations, essayant de trouver un hôtel où nous pourrions faire étape, mais les nouvelles sont mauvaises, il n'y a de place nulle part et il va peut-être falloir envisager de rester dormir « en Russie », dans une ville comme Taganrog, sur la mer d'Azov, au sud de Donetsk. Alors que nous nous rapprochons de la zone des combats, je sens les trois compères de moins en moins à l'aise. J'écoute leurs hésitations, me gardant bien de donner mon avis pour ne pas influencer le reportage mais j'ai du mal à croire que Donetsk serait devenue une destination prisée au point que tous ses hôtels soient pleins. C'est plutôt l'inverse : la guerre a fait fuir tout le monde et plus rien n'est ouvert, surtout à l'heure probablement indue de notre arrivée ! Max en est à se demander s'il n'aurait pas été opportun de nous procurer des laissez-passer militaires puisque nous circulons pendant le couvre-feu. Il appelle frénétiquement ses contacts militaires, en vain. Les chauffeurs de nos trois véhicules ont du mal à se mettre d'accord sur la route à prendre après avoir quitté l'autoroute. Ils ne se fient qu'à leurs GPS alors que les logiciels routiers n'ont pas actualisé leurs informations en fonction de l'évolution du champ de bataille. Quand le trio se rend compte que leurs itinéraires sont en quelque sorte devenus mensongers, je sens l'effarement gagner ces hommes, finalement des planqués à qui cette expédition offre une bonne conscience et des frissons d'aventuriers. Se rendront-ils davantage compte de la réalité après s'être physiquement rendus, et pour quelques heures seulement, dans les territoires ukrainiens occupés ? Prendront-ils conscience du véritable état de leur armée ? En tireront-ils des conclusions ? J'ai plutôt l'impression que chacun se cantonnera à un récit héroïque, destiné à se vanter et à forcer l'admiration.

À 2 heures du matin passées, notre convoi s'arrête au poste de Kouïbychevo/Marinovka, qui, je le découvre, marque encore la frontière internationalement reconnue entre Ukraine et Russie alors qu'officiellement, côté russe, la région annexée fait partie intégrante de la Fédération de Russie. Point de gardes-frontières ukrainiens, mais leurs homologues russes et des représentants du FSB contrôlent attentivement passagers et véhicules. Partout, des affichettes plastifiées exhortent à « ne pas placer de billets dans les documents ». Tous détenteurs de passeports de la Fédération de Russie, les huit hommes de notre convoi les récupèrent quasi immédiatement, seul le mien pose problème. Voilà que je nous ralentis ! Depuis que la France fournit des armes à l'Ukraine, en Russie, tout passeport français est considéré comme issu d'un État « hostile [1] » et doit être longuement vérifié. En le feuilletant, seule dans sa guérite, la préposée arbore un air perplexe : il est pourtant dûment tamponné et je voyage avec ma carte d'accréditation du ministre des Affaires étrangères russe me

1. En russe, l'adjectif employé est « non amical ».

garantissant le droit d'exercer mon métier de journaliste. Soudain soucieuse, elle décroche à deux reprises son combiné téléphonique. Derrière moi, la queue s'impatiente. Finalement, la préposée remet mon passeport à un officier de garde du FSB qui me demande de le suivre dans un autre bâtiment où il m'interroge sur les raisons de ma présence. L'agent est jeune et semble éduqué. Il retranscrit laborieusement sur son ordinateur chacune de mes réponses à ses questions plutôt basiques : identité, média représenté, vais-je filmer ou pas, qualité des citoyens avec qui je voyage, représentent-ils une organisation ? Puis finit par me laisser passer [1]. Deux heures plus tard, dans une nuit de poix, notre convoi parvient à Donetsk, cet ancien centre industriel de la région ukrainienne du Donbass choisi comme « capitale » par les séparatistes pro-russes en avril 2014, où vivent encore près d'un million de personnes. Depuis l'invasion, ceux qui pouvaient se le permettre sont partis se réfugier dans les territoires ukrainiens non contrôlés par la Russie, mais les autres sont restés sur place, subissant l'occupation, voire, pour certains, s'en accommodant. Hérissée de panneaux publicitaires vantant l'appartenance de la région à la

1. Au passage dans le sens retour, un autre officier du FSB tout aussi jeune, habillé d'un sweat à capuche griffé Nike, me posera les mêmes questions et me demandera même mon opinion sur le conflit. Prudente, j'arguerai de ma qualité de journaliste s'en tenant aux faits qu'il faut aller chercher sur le terrain.

Russie et de portraits 4 × 3 des « héros » tombés au combat et médaillés *post mortem*, la cité est plongée dans le noir. Arrivés à l'hôtel Victoria, nous nous reposons quatre heures durant dans des chambres sans eau courante, où la température avoisine les 12 °C. Vide mais illuminé (les fêtes de fin d'année approchent), le vaste hall de l'hôtel est décoré d'un sapin artificiel aux guirlandes clignotant grâce à un générateur. Malgré l'absence d'eau, une femme de ménage en fichu rose arrose des fleurs en pot qui font pâle figure aux côtés de rangées de faux buis. Pendant qu'on nous sert un petit-déjeuner basique, une discussion dégénère et se termine en quasi-dispute. Les militaires de la base à qui le trio doit distribuer l'aide humanitaire ont refusé ma présence et le *kombat* (commandant du bataillon) a insisté pour envoyer un soldat qui contrôlera mes déplacements le temps du déchargement. Au lieu de m'en informer clairement, Maxime et les autres prétendent qu'il vaut mieux que je ne les accompagne pas « pour ma sécurité » et que « de toute façon », cela sera « plus intéressant pour moi » de rester en ville avec un soldat chargé de me chaperonner. Tous ces arguments sont fallacieux et la réalité est plus prosaïque : les militaires ne veulent pas qu'une journaliste occidentale voie leur base. Ils souhaitent contrôler mes faits et gestes, voire m'intimider, et mes accompagnateurs ne veulent pas de problème avec l'armée. Ces Russes ont sans doute rarement entendu une femme indépendante s'exprimer aussi librement – Maxime a souligné que j'étais « plutôt directe » – et prennent ma fermeté pour de l'hystérie. Hélas, j'y suis habituée. Depuis que je pratique le reportage, je sais qu'il est impossible de partager en quelques minutes ma déontologie journalistique avec des interlocuteurs comprenant mal que mon but n'est pas de prendre parti en jugeant leurs actions, mais de décrire la réalité. Ce matin-là, face à un groupe dont je dépends pour la logistique de mon reportage, à contrecœur, j'accepte.

« Si certaines personnes en Russie affirment que l'Ukraine est un pays frère, pas moi ! »

Destination finale de notre convoi, Volnovakha, où un peu plus de 20 000 habitants [1], pour la plupart russophones, sont sous occupation russe depuis le 11 mars 2022. L'équipe va remettre son chargement aux 155 hommes de l'infanterie de marine russe. Si près du front et de l'ennemi ukrainien, le niveau de défiance est tel que les membres de notre convoi ont tout juste été autorisés à photographier et filmer. Max et Vitia, contraints d'envoyer aux « sponsors » de leur convoi des preuves filmées de chaque distribution, y ont été autorisés après la promesse d'effacer les coordonnées GPS de chaque cliché.

1. Chiffre d'avant l'invasion.

Située à une cinquantaine de kilomètres au sud-ouest de Donetsk, Volnovakha est difficile d'accès tant les routes de la « République populaire » autoproclamée et reconnue par le Kremlin quelques jours avant l'invasion sont encombrées d'innombrables engins de chantier. Car ici, on combat et reconstruit à la fois ! De part et d'autre de la route, les bâtiments en ruine se succèdent, mais plus on approche du centre-ville, plus les chantiers de rénovation impressionnent. En l'absence d'électricité, partout grondent les générateurs. « Ça fait plusieurs jours qu'on est dans le noir à cause des frappes ukrainiennes contre notre centrale électrique », se lamente la gérante d'un café réputé pour les délicieuses tartes de sa fille, dont les rares clients sont des hommes en armes. Ayant compris que je suis journaliste, elle vient me parler à voix basse. « Regardez comme ils travaillent bien, ces Ouzbeks », se félicite la commerçante, désignant quatre hommes qui lui réparent une fenêtre. « C'est la Russie qui nous les envoie. Je n'ai rien à payer donc tout va bien ! » Ayant saisi que je ne suis pas russe mais étrangère, elle n'en dit pas plus. Sur un fil de discussion Telegram local, les habitants de Volnovakha évitent de parler politique « pour ne pas se disputer », précise l'un d'eux. Sur cette boucle d'échanges virtuels en russe, comme sur les dizaines de milliers d'autres chaînes Telegram ou groupes WhatsApp en Russie, le désir de se remonter mutuellement le moral prime sur toute autre considération : surtout ne rien poster de négatif pour éviter les poursuites pénales et continuer à se soutenir. L'administration régionale ainsi que les municipalités locales utilisent aussi ces moyens de communication pour informer leurs administrés des procédures concernant les papiers d'identité et la réimmatriculation des voitures. Quant aux particuliers, ils échangent sur deux sujets obsessionnels : l'électricité et les bombardements. Chacun partage anonymement des informations sur la situation de son quartier ou s'enquiert de savoir quand est prévu le prochain bus vers Rostov-sur-le-Don, la grande ville russe située à 250 kilomètres au sud. Sur le terrain ne fonctionne que Phoenix, un nouvel opérateur russe de téléphonie mobile. « Pour l'instant, on conserve le code téléphonique de l'Ukraine, mais on va bientôt passer au code russe », me révèle la commerçante, ravie d'être payée en roubles et même avec la carte de crédit Mir, le système russe. Depuis avril 2023, les retraités touchent leur pension dans les bureaux de poste et, partout, l'enseignement a lieu en langue russe, même à la *dom kultury*, la maison des jeunes détruite par des bombardements censée rouvrir en décembre. Pendant que Maxime, Vitia, Sacha et les autres déchargent leur cargaison, je visite la maison de la culture en pleine activité en dépit du froid mordant et des travaux de rénovation. Une Ukrainienne qui y a œuvré sept ans comme directrice artistique en a été nommée directrice générale par les autorités pro-russes après que l'ex-directeur a « fui en

Pologne ». Des cours particuliers de chant ou des ateliers artistiques sont menés par des instructrices emmitouflées et motivées. « Il faut tâcher de faire oublier aux enfants toutes les horreurs qu'ils vivent », explique l'une d'elles entre deux portes, ajoutant à mi-voix : « On subit, on n'a pas le choix », sans doute rebutée par la présence à mes côtés de Rym, le soldat russe lourdement équipé chargé de ma « sécurité ».

La présence du chaperon militaire évite que je ne recueille des informations « indépendantes », ou alors Rym en référera à sa hiérarchie. Rym est un jeune homme roux de trente ans, aux yeux bleus et aux traits fins qu'il s'évertue à me cacher sous une cagoule noire les premiers instants de notre rencontre. Il finira par oublier de la remonter sur son nez. Le premier mois de la guerre, Rym a soutenu l'effort militaire russe en participant, lui aussi, à des collectes, puis a voulu s'engager comme son cousin et trois de ses amis. La publicité autour d'un cocktail ukrainien baptisé « Allée des anges », du nom de ce mémorial de Donetsk commémorant les enfants du Donbass morts depuis 2015, ainsi que des vidéos de soldats ukrainiens téléphonant aux familles des morts russes et clamant « Gloire à l'Ukraine » ont achevé de le convaincre. Rym signe son premier contrat avec le ministère de la Défense après avoir rencontré dans sa ville – dont il refuse de dévoiler le nom – des réfugiés ukrainiens russophones du Donbass, dont le récit l'a glacé. « En les écoutant, j'ai saisi leur douleur. Du coup, j'ai abandonné mon job, pourtant mieux payé, mais je me sens utile et, plus tard, je serai fier de dire à mes futurs enfants que je n'ai pas démérité », affirme le jeune volontaire qui se targue de pouvoir récupérer son emploi civil à tout moment. Par déduction, je devine que sa ville de résidence est Koursk ou Belgorod, deux métropoles russes non loin de la frontière. « Ceux qui aident les militaires sont des patriotes mais ils ont peur d'aller se battre, cingle-t-il à l'adresse de mes accompagnateurs. C'est peut-être un point de vue conservateur, insiste ce fils unique qui reconnaît appeler sa mère tous les jours, mais, pour moi, un homme se doit de partir combattre. »

Je commence à comprendre pourquoi Rym s'est porté volontaire pour me chaperonner : il joint l'agréable à l'utile. Ayant achevé des études littéraires, le jeune homme ânonne quelques phrases en français scolaire et proclame *Le Cid*, de Corneille, son livre préféré « puisqu'il pose la question du choix entre rester humain ou accomplir son devoir ». Je mentionne *Vie et destin*, le chef-d'œuvre de Vassili Grossman, qui se déroule pendant la « Grande Guerre patriotique », mais il n'en a jamais entendu parler. « Beaucoup de gens sont paresseux dans cette armée, lâche Rym devant un café. À la guerre on tue. Chaque commandant devrait y penser en permanence et chacun d'entre nous devrait se réveiller avec ça dans son esprit plutôt qu'être obsédé par la manière de dépenser son argent », souligne-t-il.

Étonnamment, mais sans doute parce que les réseaux sociaux font partie de son univers, le soldat n'est pas choqué par les nombreuses et virulentes critiques de ses pairs envers la désorganisation de son armée. Il les estime inévitables. En revanche, depuis son engagement, Rym se sent « plus discipliné, davantage conscient de la chance d'être en vie » et, du coup, assure « respecter » davantage sa copine, qu'il n'a pas vue depuis plusieurs mois, comme si l'expérience de la guerre avait « amélioré » sa vie personnelle. « Je respecte le soldat ukrainien qui se défend et accomplit son devoir et je ne piétinerai pas son drapeau, mais je me battrai contre lui tout le temps qu'il faudra ! Et si certaines personnes en Russie pensent que l'Ukraine est un pays frère, pas moi », lance-t-il. Même si Rym fait des efforts pour ne pas critiquer directement son armée, il concède que « la communication, c'est-à-dire la propagande, est plus professionnelle côté ukrainien ». Certes, le soldat russe ne pousse pas le masochisme jusqu'à regarder et lire les chaînes Telegram ukrainiennes « qui nous humilient » mais admet qu'on trouve les mêmes côté russe, qu'il ne regarde pas non plus d'ailleurs. À la question de savoir ce que représenterait la victoire, Rym répond sans hésiter : « La paix à nos conditions. » Les territoires annexés, comme la Crimée, où il n'est jamais allé, lui importent peu. En revanche, « que le calme règne dans le Donbass, là où tous ces gens ont librement choisi le monde russe, oui, ça me plaît », souligne Rym en écho aux déclarations du président Vladimir Poutine.

Les distributions achevées, sur la longue route du retour, Vitia le cascadeur pense déjà à son prochain convoi : à la demande pressante d'un chef de brigade, il a promis de rapporter trois générateurs et une voiture pour remplacer la sienne qui vient de brûler sur le front. Quelques semaines après notre périple, Maxime le banquier m'annonce s'expatrier en Chine. D'abord seul, il fera venir son épouse et ses enfants après un faux divorce qui lui laissera le temps d'enregistrer ses propriétés au nom de sa femme. Après qu'il a été refusé par une dizaine de maisons d'édition, Max a publié son livre à compte d'auteur [1] mais redoute que cet écrit ne lui attire des ennuis. Prudent, il a fermé sa chaîne Telegram afin que les photos qu'il y a publiées ne puissent ressortir quelque part, mais il prévoit de continuer à gérer à distance les convois et leur financement. « J'ai écrit ce livre pour montrer l'incompétence et dénoncer les bêtises de notre armée parce que ça me choque en tant que civil, mais surtout parce que je suis dégoûté que tout ça induise davantage de pertes russes », affirme-t-il dans un café de Moscou bondé où la guerre ne semble pas être la préoccupation principale. Max aurait rêvé que, lors de son discours devant les deux chambres en

1. Cf. Maxime Chtcherbakov, *Châtiment*, *op. cit.*

février 2023, Vladimir Poutine reconnaisse l'impréparation de son pays à cette guerre, mais il a été déçu. « Ceux qui se battent depuis 2014 savent très bien ce qui se passe. Et comme mon *kombat* me l'a dit, ils savent très bien aussi que tous les Ukrainiens ne sont pas des fascistes et qu'ils se battent pour leur maison, leur terre, leur liberté. Ce jour-là, mon commandant avait même avoué qu'à leur place il ferait la même chose ! »

« Finalement, Russes ou Ukrainiens, on s'en fout de qui va prendre le contrôle, on veut la stabilité, de la bière et des chips ! »

Quelques semaines après le début de l'offensive russe, en ce printemps 2022, Felix, soixante-cinq ans, qui fait le taxi pour arrondir sa faible retraite d'ouvrier, est venu me chercher à Dnipro dans sa Daewoo d'occasion sur laquelle il a fait poser un arbre de vitesse ukrainien. Je souhaite me rendre à Kostiantynivka, une bourgade du Donbass toujours ukrainien dont il est originaire, située à 150 kilomètres au sud de Volnovakha occupée [1], et je sais que, par sécurité, il vaut toujours mieux embaucher un local. Comme cette guerre, la voiture de Felix est

1. Où je me rendrai à l'automne 2022 (récit supra).

hybride, elle roule au gaz et à l'essence [1]. Partout où j'ai travaillé en tant que reporter de guerre, j'ai rencontré ce genre d'homme qui gagne (bien) sa vie en évacuant ceux qui en ont les capacités financières et possède assez de sang-froid pour connaître les meilleurs points de passage et, surtout, jauger le danger. Après le référendum d'autodétermination du Donbass organisé par les autorités pro-russes en mai 2014 [2] (non reconnu par Kiev et l'Occident), Felix est resté vivre sur place et ce choix révèle ses accointances pro-russes. Pendant notre voyage vers Dnipro, il me raconte sa dispute avec des militaires ukrainiens à qui il a demandé : « Pourquoi l'Ukraine, la république socialiste soviétique la plus riche après la Russie pendant l'époque soviétique, est aujourd'hui la plus pauvre d'Europe ? » Ils ont mal pris sa remarque et l'ont traité de « séparatiste ». Fier de ses racines cosaques par son grand-père et polonaises par sa grand-mère, Félix parle aussi bien russe qu'ukrainien et ne cache guère sa nostalgie de l'URSS, dont les dernières décennies correspondent à ses plus belles années de jeunesse. Comme tous les Ukrainiens pro-russes, il ne tarit pas d'éloges sur le niveau de vie supposé de ceux qui sont « de l'autre côté » en Russie, avec « un travail stable,

1. À cette époque d'avril 2022, le gaz coûte dix hryvnias de moins que l'essence : 28 pour un litre de gaz contre 35 le litre d'essence. On fait le plein à Dnipro, à l'arrière, car à Konstantinovka, plus proche du front, il faut compter près de 47 hryvnias.

2. Ce référendum s'est tenu le 11 mai 2014.

régulièrement payés, dont les parents reçoivent une retraite conséquente et qui sont soutenus par l'État », alors qu'ici, Felix n'en démord pas, « c'est le bordel ». Je l'écoute sans le contredire afin qu'il m'en dise plus. Nous roulons de longues heures et Felix s'épanche : « Finalement, Russes ou Ukrainiens, on s'en fout de qui va prendre le contrôle, nous, on veut la stabilité, de la bière et des chips ! » s'exclame-t-il, confirmant qu'une certaine partie de la population du Donbass s'estime méprisée par le reste de l'Ukraine et ne serait pas gênée de vivre sous contrôle russe. Il espère que la ligne de front, stable depuis 2014, bouge enfin nettement, sonnant la fin de la guerre.

Pragmatique, ce point de vue n'est pas forcément « anti-ukrainien », souligne celui qui a sagement conservé son passeport ukrainien et avoue avoir été déçu par les six présidents ukrainiens depuis l'indépendance : « Ils se sont enrichis sur notre dos. J'aime mon pays mais je déteste ceux qui nous gouvernent ! Kiev nous traite comme des chiens et notre région est accusée d'être un poids pour le reste de l'Ukraine. Mais qu'on nous laisse rejoindre la Russie alors ! » fulmine-t-il. Nous croisons plusieurs engins agricoles, signe qu'une certaine activité se poursuit dans la région, mais plus on se rapproche du front, plus les bourgs semblent vides. En avril 2014, Kostiantynivka avait accueilli avec enthousiasme les hommes en armes dépourvus d'insignes des milices séparatistes pro-russes. L'occupation russe avait duré quatre mois, avant que l'armée ukrainienne ne reprenne possession de la ville, comme des bourgs plus importants de Kramatorsk et de Sloviansk. Économiquement, Kostiantynivka est la ville la plus pauvre et la plus déprimée du Donbass. Sur les 38 entreprises actives au milieu des années 90, en 2023, il en reste à peine deux, dont une verrerie qui fonctionne au quart de ses capacités. Élu en 2020 sur le programme du parti « Plateforme d'opposition-Pour la vie » de l'oligarque Viktor Medvedtchouk, un proche de Vladimir Poutine, le précédent maire a été démis de ses fonctions, remplacé par un quarantenaire nommé par décret présidentiel ukrainien. « Non seulement l'ancien maire ralentissait toutes les décisions, mais en fait il attendait passivement les Russes… Il fallait empêcher que le budget de la ville puisse les servir », explique Felix.

« Il n'y a jamais eu assez de contacts entre les différentes régions d'Ukraine. Nous en payons aujourd'hui le prix. On ne sait pas vivre ensemble »

Savourer une Winston sur le balcon de son appartement de deux pièces du centre-ville de Kostiantynivka, dont la moitié des 70 000 habitants a fui ces dernières semaines, est le rare plaisir d'Emma, soixante ans, dont les pommettes hautes et le port de reine soulignent les airs de « comtesse polonaise », une origine lointaine qu'elle revendique. Depuis trois semaines, Emma vit à Kostiantynivka avec Marina, dix-sept ans, l'orpheline dont elle est la tutrice, et Tolik, quarante-trois ans, beau-père de la jeune fille, dans un appartement que l'État ukrainien fournit au frère de Marina, un soldat de dix-neuf ans mobilisé dans les transmissions, à Odessa, d'où il appelle tous les soirs. Tous les quatre ont fui les combats qui faisaient rage à Bakhmout, un bourg sur la ligne de front [1] où Emma se reposait quand la guerre a éclaté. Elle s'est empressée de quitter les lieux. Une semaine plus tard, Tolik les rejoignait à vélo chargé de la tortue d'Emma, de son chihuahua et de trois ballots. Depuis, le trio se terre dans cette ville quasi déserte, ne sortant que pour promener le chien et faire quelques courses. « C'est une guerre civile ! Comment appeler ça autrement ? » enrage Emma en collants opaques et longue tunique léopard alors qu'elle cuisine un bortch. L'ancienne directrice d'école résume l'histoire récente de son pays : « On a vécu ensemble de 1991 à 2014, puis ça a dégénéré. Ces steppes avaient été rattachées à l'Empire russe sous le tsar Alexandre II, avant n'y vivaient que des nomades. Mais quand l'Ukraine est devenue soviétique en 1921, Louhansk et Donetsk ont été englobées dans la province russe de

1. dont le siège, finalement gagné par l'armée russe, durera dix mois.

Rostov-sur-le-Don. » Chaque jour, Emma parle par téléphone ou messagerie à sa fille unique et à son petit-fils de six ans, coincés à 230 kilomètres au nord, dans la grande ville de Kharkiv pilonnée sans relâche par les Russes. Le reste de la famille vit à Donetsk, côté russe, notamment sa sœur cadette avec son fils de dix-huit ans. Lors du dernier échange téléphonique entre Emma et sa sœur pro-russe, coupant court à la conversation, sa sœur lui a perfidement lancé : « On a tellement souffert, c'est votre tour maintenant ! » Jusqu'en 2017, les déplacements entre Donetsk et ses environs restaient sous contrôle des autorités ukrainiennes, ce n'est plus le cas depuis que les autorités pro-russes ont établi une douane et Emma ne peut plus se rendre sur la tombe de sa mère. « J'ai tout perdu deux fois : mon appartement à Donetsk, qui est inaccessible, et ma maison à Bakhmout. L'héritage de mes parents est en train d'être rasé par l'artillerie russe. Je suis une sans-abri », constate-t-elle, rejetant la fumée de sa Winston, regard dans le vide. Après le carnage à la gare de Kramatorsk où 61 civils ont été tués par un missile russe le 8 avril 2022, Emma a entendu l'appel à évacuation du gouverneur ukrainien de la région mais ne s'est pas encore décidée. « Les plus peureux sont partis les premiers. Je ne cède pas à la panique, faut s'organiser, mais il est hors de question que nous vivions sous occupation russe. Je n'ai pas élevé Marina depuis ses huit ans pour la priver d'avenir ! » Certains critiquent les autorités ukrainiennes : si l'évacuation avait été mieux organisée, moins de civils auraient été massés au même moment au même endroit. « Nous, dans le Donbass, sommes les otages de cette guerre, souligne Emma, triste et résignée. Le prix à payer pour la fin de ce conflit sera sans doute celui du sacrifice des habitants du Donbass ! » Selon plusieurs enquêtes, 60 % de la population de la région de Donetsk n'a jamais voyagé en dehors de sa région. « Il n'y a jamais eu assez de contacts entre les différentes régions d'Ukraine, se plaint Emma, nous en payons aujourd'hui le prix. On ne sait pas vivre ensemble. »

Dans cet immeuble de cinq étages dépourvu de cave, deux appartements sur quinze sont occupés : le sien et celui d'un policier qui a évacué sa famille. Je suis installée dans un appartement vide dont les propriétaires sont partis pour Lviv en laissant leur clé à Emma. Il est froid et obscur mais j'y dors convenablement dans un sac de couchage sur le lit de la chambre parentale et, deux fois par jour, je monte chez Emma qui prend manifestement plaisir à me nourrir [1]. Quand je savoure mon café matinal, la tortue se glisse entre mes jambes. Sur le terrain, j'ai constaté qu'en temps de guerre les femmes parvenaient à préserver mentalement leur foyer en maintenant leur routine comme si de rien n'était. « Évacuer,

1. Je donne de l'argent à Emma qui se rend, aidée de Tolik, faire les courses dans les quelques magasins de Kostiantynivka restés ouverts.

c'est bien beau, mais encore faut-il savoir où aller et comment organiser financièrement son exode », soupire l'institutrice à la recherche d'un chauffeur qui emmènerait sa famille vers un point de chute hypothétique à l'ouest du pays, où Emma envisagerait de recommencer sa vie pour la troisième fois. À aucun moment elle n'a eu envie de partir à l'étranger, consciente que « là-bas, personne n'a besoin de nous ». À Kostiantynivka, les jours passent et se ressemblent : Marina ne va plus à l'école, qui, dans le Donbass, ne fonctionne même pas en distanciel, comme dans le reste du pays. La jeune fille rêve que « des pourparlers aboutissent », pour reprendre sa vie au lieu de passer ses journées sur le divan à converser sur Telegram et WhatsApp avec des copines qui ont déménagé aux quatre coins du pays. Quand elle s'ennuie trop, Marina rédige des posts en russe sur son groupe WhatsApp de 250 personnes, sauf que, récemment, l'administratrice a interdit de parler politique. Son petit ami est rentré à Donetsk mais il soutient la Russie, ce qui « pose un problème » à Marina donc elle l'a quitté. Tolik, le beau-père, reste vissé toute la journée devant la télévision par Internet tout en prêtant une oreille attentive aux bruits de la guerre. Son frère aîné, à Bakhmout, ne répond plus au téléphone depuis plusieurs jours. Serait-il mort ? Tolik angoisse. Son téléphone serait-il déchargé, aurait-il été délogé par l'ennemi et emmené quelque part ? Quatre jours plus tard, il reçoit enfin un appel de son frère survolté et éreinté, qui raconte survivre avec sa famille dans la cave, ne sortant que pour nourrir le bétail et attendre « que les Russes prennent le pouvoir ». Soulagé, Tolik est tout de même choqué par ses propos. « Nous sommes prisonniers de ce conflit des deux côtés, voilà pourquoi on peut parler de guerre civile », renchérit Emma, qui tient à participer à la conversation en dépit d'atroces douleurs dorsales [1]. Alors que nous dînons, les tirs d'artillerie en bruit de fond, Tolik reçoit un coup de fil de l'ancien directeur d'un kolkhoze près de Bakhmout d'où il a fui. L'homme souhaite y récupérer deux tracteurs, ce qui semble impossible à cause des combats : la cuvette est aux mains des séparatistes et les forces ukrainiennes tiennent les hauteurs. « Je m'en fous de qui contrôle, ils accepteront mes pots-de-vin », se persuade le directeur, quémandant l'aide de Tolik, qui refuse.

En temps de guerre, c'est la course à l'évacuation des véhicules sinon ils seront volés ou dégradés. Volodymyr Marinitch, quarante-cinq ans, maire de la commune d'Illinivka, mitoyenne de Kostiantynivka, vient lui aussi de recevoir un coup de fil de sa hiérarchie lui demandant de vérifier si certains véhicules ne sont pas restés sur le territoire d'une carrière d'argile non loin, auquel cas il faudrait les réquisitionner. Le maire saute dans sa Renault pour aller vérifier.

---

1. Six mois plus tard, sa fille, de Kharkiv, m'informera du décès d'Emma d'un cancer généralisé.

Je me trouve dans son bureau quand deux soldats ukrainiens font irruption pour lui demander de leur trouver un lieu pour s'installer. Toute la journée, le maire est assailli de demandes, comme ces représentants de la défense territoriale exigeant 240 litres d'essence alors que les files d'attente aux sept stations de la ville ne cessent de s'allonger. « À la campagne, trouver de la nourriture est secondaire car les gens ont des réserves, c'est pas comme en ville, explique le maire. En revanche, je dois garantir l'eau et l'électricité à mes administrés et leur distribuer l'aide humanitaire. » Il y parvient grâce au camion poubelle municipal, le seul véhicule disponible. « Nos ordures sont dans des sacs donc le camion est resté propre ! » explique-t-il. Comme beaucoup, il a de la famille proche à Moscou et à Saint-Pétersbourg, avec qui il évite de parler de « la situation », source de disputes. « Ici, dans les années 30, on parlait ukrainien, mais Staline a russifié la population. Depuis le XVe siècle, la Russie veut nous contrôler et nier notre identité », insiste-t-il.

À 11 heures, le maire a rendez-vous avec le gouverneur de Donetsk pour une réunion de coordination. Ce dernier déboule dans un SUV aux fenêtres teintées accompagné de trois gardes du corps lourdement armés. Pourtant civil, le gouverneur est vêtu d'un uniforme militaire et protégé par un gilet pare-balles. Une heure plus tard, je suis en train d'attendre Volodymyr devant la mairie lorsque retentit une sirène d'alerte. Volodymyr me rejoint en courant alors que le gouverneur a foncé au bunker. Nous prenons l'alerte avec philosophie.

« Comment pourra-t-on continuer à vivre ? »

Serhii Gorbatenko habite Sloviansk, la grande localité du nord du Donbass encore aux mains des Ukrainiens, d'où il rapporte les événements pour Radio Svoboda en ukrainien. Ce jeudi 14 avril 2022, de retour de Kramatorsk où il a récupéré des cartons d'aide humanitaire, cet homme de trente-neuf ans reçoit une alerte sur son téléphone : des frappes russes sont en cours dans un village voisin. « Si l'on veut des infos et documenter ce qui est en train de se passer, il faut y aller maintenant ! » Accompagné de son ami Vadim, cheveux mi-longs, clope éteint au bec, un véritable as du volant, nous filons en direction de Lyman puis sur le front, jusqu'au village de Zarichne où des gens ont entendu une forte explosion et vu des ambulances. À mesure qu'on approche, les mines des soldats, policiers et membres de la défense territoriale aux checkpoints se font plus graves. Les bruits de la guerre nous guident. L'air apeuré sur son vélo, une femme indique dans quelle rue « c'est tombé ». Dans les airs, l'insoutenable fracas se répète. Instantanément, mon esprit se retrouve en Tchétchénie, quand ce vacarme d'artillerie et de missiles était devenu la rumeur quotidienne. C'est la même chose sur le front en Ukraine, où les victimes sont aussi civiles. Au milieu d'une rue dans laquelle nous nous sommes engagés à pied gît une masse au sol, dans la boue près d'une flaque. C'est une femme à la tête quasi déchiquetée. Près d'elle, un vieil homme en bonnet et parka, hagard, mine défaite, s'appuie sur sa canne. « Je m'appelle Viktor. Ma belle-fille Tetyana Nikolaïevna venait de partir à pied chercher des médicaments à la pharmacie avec mon fils quand... », raconte-t-il en russe d'une voix qu'il essaie de garder sobre mais qui tremble et vacille lorsque des tirs de mortier éclatent à nouveau. Le danger nous entoure, il ne faut pas s'attarder, mais comment rester indifférente à la souffrance de cet homme venu se réfugier depuis Louhansk en territoire non occupé ? Comment ne pas entendre et respecter son désespoir ? À maintes reprises, face à la détresse d'autrui et même si le danger est le même pour tous, je n'oublie jamais que mon privilège est d'être de passage dans une guerre qui ne tue pas les miens. Le moins que je puisse faire est alors d'écouter, de consoler et, surtout, de transmettre. « Tous deux cheminaient tranquillement et maintenant ils ne sont plus là... », bégaie le vieil homme en regardant le sol. Le corps de son fils a été traîné par les voisins sous un auvent, ils vont maintenant s'occuper de son épouse. Seul, le vieillard va devoir puiser en lui les forces pour survivre. Il se frotte les yeux, sa voix chevrote. Le choc lui ayant ôté toute méfiance, il n'a même pas demandé qui nous étions. « Qu'est-ce qui va encore se passer ? Comment pourra-t-on continuer à vivre ? On patauge dans l'inconnu », peine-t-il à articuler, comme se parlant à lui-même, avant de baisser la tête et de fondre en larmes en s'appuyant des deux mains sur sa canne. Qu'est-il devenu à l'heure où j'écris ces lignes ? Sur le chemin du retour, Vadim n'a plus la force de conduire vite. « On est condamnés à aider ceux qui empêchent la guerre d'arriver jusqu'à nous », grommelle-t-il, affecté par ce que nous venons de vivre. Son énergie réapparaît à la vision d'une batterie antimissiles BUK stationnée à une station-service et dont les quatre rampes de lancement sont lourdement chargées. L'engin se prépare à l'action. « Bravo ! Vous êtes les meilleurs ! On les aura tous ! » hurle-t-il en direction des militaires ukrainiens en brandissant le poing.

La haine entre patriarcats

« En 2014, pendant les trois mois d'occupation de notre ville par des séparatistes pro-russes, l'Église a joué un rôle politique. Alors, des prêtres ont carrément exhorté leurs fidèles à s'enregistrer auprès des autorités de la république auto proclamée de Donetsk ! » Huit années ont passé et le père Konstantin, quarante-deux ans, pope à l'église Sainte-Sretensky de Kostiantynivka, sourit encore à l'évocation de cette anecdote illustrant la « guerre dans la guerre » menée par l'Église en Ukraine.

Dans la ville de Kostiantynivka, on compte dix églises affiliées au patriarcat de Moscou, dont le représentant suprême, le patriarche Kirill, a béni les forces russes au premier jour de l'invasion et qualifié trois jours plus tard de « forces du mal » ceux qui « combattent l'unité historique de la Russie et de l'Ukraine ». Celle du père Konstantin est affiliée à l'Église orthodoxe ukrainienne (patriarcat de Kiev). « Quand je pense qu'avant, tous ces prêtres ont été mes amis ! Vraiment, aujourd'hui, je ne peux pas les comprendre ! s'attriste le pope. L'autre jour, en me voyant dans la rue, une vieille dame d'une paroisse voisine pro-Moscou s'est mise à reculer comme si j'étais le diable en personne ! » Le sous-sol de l'église Sainte-Sretensky déborde de vêtements, de couches pour bébés et de conserves empilés à même le sol. L'aide provient d'organisations internationales et de donateurs anonymes des quatre coins de l'Ukraine. « Nous en avons tellement reçu qu'il me faut toute une équipe pour distribuer, c'est un travail titanesque ! précise le prêtre. Dans le Donbass ukrainien plus qu'ailleurs en Ukraine, la mentalité est restée soviétique, comme si on y tolérait une certaine passivité vis-à-vis du pouvoir politique. Alors qu'ailleurs en Ukraine, notamment dans sa partie occidentale, l'esprit critique vis-à-vis de ceux qui nous gouvernent est plus développé. Après sept ans de vie ici, je n'arrive toujours pas à m'habituer à cette mentalité », soupire le père Konstantin, qui a d'abord servi le patriarcat de Moscou avant de le quitter. Sainte-Sretensky a été construite grâce à l'argent d'un homme d'affaires local mais quand l'entrepreneur-sponsor a déclaré que « son » église serait affiliée au patriarcat de Kiev, ce fut un scandale : « Ils nous ont planté un procès que nous avons perdu parce que tous les juges d'ici sont corrompus. On a gagné en appel à Kiev des années plus tard mais certains clament encore que notre église est illégale ! se remémore le père Konstantin. On dirait que ce qui se déroule depuis longtemps entre nos deux patriarcats a préfiguré la haine d'aujourd'hui ! » Depuis l'invasion, le prêtre a constaté que ses fidèles venaient à l'Église beaucoup plus fréquemment et à toute heure : « Ils me demandent des prières pour les militaires, les blessés, les prisonniers, et aussi pour la fin de la guerre. Ils pleurent beaucoup plus que d'habitude, ne s'en cachent plus et allument des cierges. »

2014 : dans le Donbass, suivant le lieu où elles se trouvent, des statues de Lénine sont peintes de jaune et de bleu… ou de rouge, bleu et blanc

En 2014, au moment de l'annexion surprise de la Crimée, je m'étais rendue plusieurs semaines d'affilée en Ukraine, d'abord sur la péninsule, puis dans le

Donbass. Il était alors encore possible pour un journaliste de passer physiquement d'un camp à l'autre, ce qui est exclu aujourd'hui. La confusion régnait : l'armée ukrainienne ne s'était pas encore organisée et, côté russe, les séparatistes autonomistes des régions de Louhansk et de Donetsk se battaient sans bénéficier d'un soutien clair de Moscou, qui n'avait pas encore reconnu les deux « Républiques ».

À Ilovaïsk, une bourgade à une cinquantaine de kilomètres à l'est de Donetsk qui venait de changer trois fois de mains pendant l'été, entraînant la mort de plus de 450 soldats ukrainiens dans une embuscade [1], la vie n'avait pas repris depuis que les séparatistes pro-russes s'étaient imposés. Il n'y avait toujours ni électricité ni téléphone, les deux dispensaires ne fonctionnaient que quelques heures le matin, les médicaments manquaient et les enfants n'allaient pas à l'école. J'y retrouvai Lidia et Viktor, un couple de retraités collés à leur poste de radio dont ils écoutaient le plus bas possible les ondes courtes en langue ukrainienne, convaincus que ça ferait durer plus longtemps les piles. Pour rien au monde le couple n'aurait manqué un bulletin de la seule station qu'ils parvenaient à capter. Déçus que je ne leur apporte pas de nourriture (ils auraient voulu du riz et des

1. À la suite de la chute de cette localité, l'armée ukrainienne a été pointée du doigt et le ministre de la Défense ukrainien contraint de démissionner.

biscuits [1]), Lidia et Viktor ne pouvaient compter que sur eux-mêmes et la fraternité entre voisins, même si, par couardise ou par conviction, ceux-ci étaient majoritairement pro-russes. Malgré les suppliques de leurs enfants pour qu'ils fuient cette zone, le couple de cheminots à la retraite n'avait pas quitté sa maison et à quatre-vingt-deux ans, Viktor hésitait à reconstruire ses embrasures de fenêtre soufflées par les explosions. Vivants mais las, tous deux m'invitèrent à m'asseoir autour d'une table branlante de la pièce à vivre de l'isba. D'abord, Viktor me montra le *pogreb*, ce trou dans la terre servant de garde-manger où le couple s'était blotti pendant les vingt-deux jours de siège sous le noyer du jardin. « Cet arbre, que j'ai moi-même planté, nous a sauvés », répétait Viktor, satisfait de posséder encore assez de bocaux de cornichons et de tomates marinées pour passer l'hiver. Le maire de la bourgade avait fui côté russe, et c'était compliqué, côté ukrainien, de recevoir de l'aide humanitaire. Sous occupation russe, la maison de la culture leur avait distribué des conserves, du lait et de la viande en boîte, mais, circonspecte, Lidia n'osait pas entamer les conserves d'un État honni. « Il paraît qu'on vit maintenant en "Novorossia" et qu'on

1. Cf. Anne Nivat, « Bienvenue en "Novorossia". L'angoisse, le blues, la peur, la violence… Reportage dans les régions contrôlées par les pro-russes et qu'on appelle "Nouvelle Russie" », *Le Point*, 7 octobre 2014.

devrait en être fiers. Mais nous, on sait bien que ce sujet hybride n'existe pas ! » constatait, attristé, l'ex-machiniste des chemins de fer, ancien tankiste de l'armée soviétique qui n'avait jamais été communiste. Le vieux couple se sentait ukrainien et n'avait pas changé de bord.

Avec un chauffeur débrouillard, j'avais réussi à me rendre dans les deux Républiques autoproclamées. Au passage de la « frontière », après inspection de nos passeports, on nous laissait passer sans problème. Sur la route, des queues se formaient devant les banques, toutes les stations essence étaient fermées. Suivant le lieu où elles se trouvaient, les statues soviétiques de Lénine étaient décorées de jaune et de bleu… ou de rouge, bleu et blanc.

Après le franchissement d'une bonne douzaine de points de contrôle tenus par les séparatistes pro-russes, la circulation fut brusquement stoppée par des combattants juchés sur un camion équipé d'un lance-roquettes Grad, installés au beau milieu de la route et du trafic, signe d'un tir imminent. Intrigués, plusieurs automobilistes étaient sortis de leur véhicule, dont un homme devant nous, qui désignait le convoi du doigt à son fils de cinq ans en lui soufflant, comme émerveillé : « Eh ben, mon chéri, maintenant, on va voir comment les autres, en face, répondent. » Heureusement pour nous tous, l'armée ukrainienne n'avait pas répliqué.

Au centre de la ville de Donetsk, verdoyantes et bordées de roseaux, les berges sablonneuses du fleuve

Kalmious offraient l'illusion de la campagne. Large et majestueux, ignorant ce qui se tramait alentour, le fleuve coulait vers le sud. En ce limpide matin automnal, cheveux relevés et nattés, casque audio sur les oreilles, une jeune femme vêtue d'un pantalon de jogging et d'une brassière laissant entrevoir son ventre musclé se reposait, allongée sur un banc. La musique lui permettait-elle de ne pas entendre ce qui emplissait l'air tout entier en cet instant ? Tirs de mortiers d'obus, artillerie lourde, orgues de Staline se déployaient à un rythme effréné, comme si, enragé au-dessus de nos têtes, un monstre secouait de lourdes tôles d'aluminium sans discontinuer. L'air serein, dans son monde, la jeune femme fermait les yeux. À quelques pas d'elle, torse nu, un homme sans âge ôtait son pantalon. En slip, il déroula soigneusement une serviette sous ses pieds et s'allongea sur le sable. C'était la guerre, mais tous deux, cet homme comme cette femme, savouraient chaque minute de soleil.

2014 : « Il est grand temps de réfléchir à une opération antiterroriste »

Depuis le début des années 90, l'oligarque Petro Porochenko avait fait fructifier un empire commercial (confiserie, agriculture, chaîne de télévision) qui l'avait propulsé parmi les hommes les plus riches d'Ukraine [1]. Prudent stratège et député depuis 1998, l'homme avait toujours pris grand soin de ne pas (trop) se compromettre en politique, même s'il avait servi comme ministre des Affaires étrangères sous le président pro-occidental Iouchtchenko et comme ministre du Commerce sous le président pro-russe Ianoukovitch, qui avait fui en Russie. En juillet 2013, la production de l'usine de confiserie de Porochenko en Russie fut stoppée et la totalité de sa production boycottée. Je le rencontrai à Kiev deux mois avant son élection à la présidence. « Après la révolution orange du Maïdan en 2004, nous nous sommes réveillés dans un nouveau pays où les anciennes règles avaient disparu et les nouvelles étaient claires : tolérance zéro pour la corruption », m'affirma l'oligarque à la fortune estimée à 1,6 milliard de dollars, pas du tout angoissé que les foules aient bruyamment manifesté leur désir d'en finir avec les élites. Le 28 février 2014, quelques heures avant que des militaires sans insignes investissent la majorité des bases militaires ukrainiennes de Crimée, Porochenko s'était précipité à Simferopol, la capitale de la Crimée, avec une série de propositions telles que la création d'un groupe de travail sur l'élargissement de l'autonomie de la péninsule, l'adoption d'un statut

1. Cf. Anne Nivat, « Petro Porochenko : "Que les troupes russes retournent dans leurs casernes !" », *Le Point*, 13 mars 2014.

spécial pour la ville de Sébastopol et un projet de loi sur l'autonomie culturelle des Tatars.

Le futur président avait même tenté de rencontrer des députés locaux mais n'avait pu pénétrer dans le Parlement. « Des soldats d'un autre État m'ont empêché de mener des discussions avec les députés. Sans la présence de ces troupes étrangères, on aurait trouvé un compromis depuis bien longtemps, se plaignait-il. Des dizaines de citoyens ukrainiens se posant en bouclier humain devant l'ennemi ont été battus et violentés à leur arrivée en Crimée parce qu'ils apportaient de la nourriture ou des antennes satellites. Ce n'est pas d'une désescalade du conflit que nous avons besoin, mais que ces troupes étrangères retournent dans leurs casernes ! Poutine et son ministre de la Défense affirment n'avoir aucun soldat russe sur place, mais on sait que 18 000 terroristes lourdement armés font chanter la population civile, il est grand temps de réfléchir à une opération antiterroriste ! » Porochenko n'excluait pas le pire : « Si l'escalade continue, cette guerre froide se transformera en guerre complète, et dans ce cas-là se posera la question des garanties que nous ont données la France, la Grande-Bretagne et les États-Unis concernant notre sécurité [1]. » Déjà, Porochenko insistait sur l'inconcevabilité d'un changement de souveraineté territoriale :

1. Le fameux « Mémorandum de Budapest ». Cf. chapitre I, p. 34.

« Nous refusons un tel précédent », m'avait-il dit. Ses propos étaient prémonitoires de ceux que son successeur Volodymyr Zelensky martèlerait plus de dix ans plus tard chaque jour face à l'opinion publique internationale.

Postface

Et si nous n'étions plus capables de construire la paix ?

La paix est-elle affaire de justesse ou d'équité ?

Sans victoire militaire claire sur le terrain, chaque belligérant étant encore convaincu de pouvoir l'emporter et en l'absence d'une définition précise de la « théorie de la victoire », le conflit va-t-il perdurer, alternant des phases plus ou moins intenses ? La perspective de le « geler » ne convient à personne, mais il se peut qu'avec le temps elle satisfasse les deux parties, ou l'une plutôt que l'autre. En tout cas, la situation restera inchangée tant que les deux refuseront d'admettre publiquement que, pour l'une comme pour l'autre, la poursuite de la guerre est devenue plus coûteuse que la paix.

Dans ces conditions, nul ne sait quand adviendra « le bon moment » pour commencer à parler de paix « juste et durable » et sur quoi elle serait fondée. Comment définir ce moment en termes juridiques internationaux ? S'agira-t-il d'une « défaite pleine et entière de l'agresseur » ? Et si ce n'était pas le cas ? La paix est-elle affaire de justesse ou d'équité ? La question n'est pas nouvelle et n'a jamais été résolue [1].

Lorsque des dirigeants parviennent à des accords, leurs peuples, dit-on, restent assoiffés de vengeance parce qu'ils refusent de s'être sacrifiés « pour rien ». Ce n'est pas ce que mon expérience de terrain m'a montré : les peuples sont souvent les premiers las de la guerre et désireux de reprendre une vie « normale ». Autres questions essentielles : le but de la guerre est-il une simple victoire militaire ou l'obtention d'une paix juste ? Les buts d'une guerre juste se limitent-ils à punir, à revenir au *statu quo ante* ou à changer de régime ? Quand Jens Stoltenberg, secrétaire général de l'OTAN, décrète que c'est aux Ukrainiens de décider du moment de la paix, n'est-ce pas une façon hypocrite de ne rien décider du tout et de s'en laver les mains ?

Les 11 et 12 juillet 2023, au sommet de l'OTAN, l'Alliance s'est bien gardée d'offrir une date ou une feuille de route à l'Ukraine pour son adhésion : par principe, l'OTAN ne peut intégrer un pays en guerre. Alors qu'ils combattent « aussi pour les Européens »,

1. Cf. Marc Semo, « La difficile quête d'une paix juste », *Le Monde*, 14 janvier 2023.

comme ils disent, les officiels ukrainiens n'ont pas été pleinement accueillis. Sera-t-on prêt à leur accorder des concessions pour leur entrée ? « La Russie a agressé son voisin ; ses armées ont systématiquement détruit les infrastructures civiles ennemies et se sont livrées à des atrocités. La conclusion qui doit s'imposer, nous dit-on sur les plateaux télévisés, est évidemment de défendre le bon et de punir le méchant. Toute autre politique ne serait que faiblesse immorale. (…) Qu'un pays envahisse un autre, qu'il persécute sa population ou qu'il viole ses engagements, le diplomate français n'aura d'autre remède que de s'en accommoder ou de prendre la justice entre ses mains. Face au diable, il n'a d'autre choix que de lui parler ou de le tuer. On comprendra que faute des moyens de devenir le paladin de toutes les grandes causes de ce monde – Dieu sait qu'il y en a beaucoup –, notre pays se voit fort souvent obligé de "parler au diable" et lui parler signifie, si on veut atteindre un accord, lui faire des concessions. Eh oui, faire des concessions au diable… ou alors, tuez-le, vous dis-je [1] », s'exclame l'ex-ambassadeur Gérard Araud, introduisant la douloureuse question de morale en politique étrangère. Quelles relations futures l'Occident souhaite-t-il entretenir avec la Russie ? Faut-il continuer à dialoguer, s'escrimer à rétablir une forme de stabilité

1. Cf. Gérard Araud, « Pourquoi il faudra faire des concessions à Poutine », *Le Point*, 5 février 2023.

ou de coopération avec le régime politique russe, ou cet effort est-il impossible tant que Vladimir Poutine est au pouvoir ? Le 17 mars 2023, La Cour pénale internationale (CPI) de La Haye a émis un mandat d'arrêt contre le président russe pour le crime de guerre de « déportation illégale » d'enfants ukrainiens, or ni la Russie, ni l'Ukraine, ni les États-Unis ne sont membres de la CPI.

La paix est-elle l'absence de guerre ?

Dialoguer ne veut pas dire signer un accord de paix, et l'on doit aussi se demander à quoi ressemblerait la paix : à l'absence de guerre ? Dans ce cas, où placer les attaques cyber, les sabotages, la guerre informationnelle et toute autre opération secrète ? L'Occident est-il paré pour cette guerre hybride ? Habituées au confort de la vie en démocratie, nos populations sont-elles prêtes à s'engager dans l'ère du doute permanent, où la notion de paix n'est pas limpide ? Pourquoi, d'ailleurs, est-il si douloureux d'envisager la paix ? Sans doute parce qu'elle est difficile à définir et pourrait être moins pacifique que ce à quoi nous avons été habitués. Comme c'est paradoxal ! Et si nous découvrions que la paix peut être illusoire ? Et si la limite entre guerre et paix n'était pas aussi claire, et si, en fait, rien ne s'arrêtait vraiment ? Et si nous n'étions plus capables de construire la paix ?

Une élection présidentielle se tient du 15 au 17 mars 2024 en Russie, où Vladimir Poutine sera réélu pour la cinquième fois. En Ukraine, Volodymyr Zelensky a fait reporter le scrutin présidentiel qui était prévu pour le même printemps 2024. Aux États-Unis, le soutien à l'effort de guerre en Ukraine est susceptible de s'éroder si un républicain gagne l'élection de novembre 2024. Abjecte, une certaine « concurrence » entre guerres se dessine : celle entre Israël et le Hamas, commencée le 7 octobre 2023, éreinte moralement l'allié américain ; celle entre la Russie et l'Ukraine va durer et nécessite que l'aide américaine aux Ukrainiens soit votée au Congrès et perdure ; celle, encore inexistante, mais dans toutes les têtes, en mer de Chine pour le contrôle de Taïwan, excite les observateurs. Si elle advient, la paix entre la Russie et l'Ukraine ne devra pas être bâclée comme a pu l'être le traité de Versailles de 1919, qui a provoqué tant de ressentiment. Mais comment éviter la haine dans la paix ? Quoi qu'en disent les Russes, la haine s'est installée envers les Ukrainiens, comme cela fut le cas entre Tchétchènes et Russes pendant les deux campagnes militaires qui les ont opposés. Entre Américains et Afghans en revanche, ou entre Américains et Irakiens, je n'ai jamais constaté une telle haine, les belligérants étant géographiquement plus éloignés et ignorants les uns des autres avant la guerre. Russes, Ukrainiens, Géorgiens et Tchétchènes ont, eux, le passé soviétique en commun.

Le « Sud global » ne voit pas la Russie comme une puissance impérialiste

Observer la Russie, c'est s'enfoncer dans un système de pensée et d'émotions profondément autres. Si l'engouement des Russes pour l'Occident a existé – je vivais en Russie ces années-là et mon travail journalistique ainsi que celui de mes dizaines de collègues de l'époque ont pu témoigner que ce n'était pas une illusion –, il s'est transformé en amère déception. Emboîtant le pas à leur président, les Russes se sont sentis humiliés que l'Occident ne reconnaisse ni n'accepte leur différence. Ils ont mal perçu que personne en Occident ne saisisse la réalité de ce qui s'était passé durant l'année 1991 : en quelques mois à peine, un peuple a perdu le cadre idéologique, la structure étatique et l'ossature de sécurité dans lesquels il avait vécu sept décennies. De cette dislocation ont émergé des États qu'il pensait frères et appelait « l'étranger proche » (car ex-soviétiques et ex-membres du pacte de Varsovie), mais dont il a peu à peu découvert qu'ils honnissaient ce passé commun et désiraient en faire table rase. Plus loin géographiquement, mais pas moins menaçants à leurs yeux, les Russes pensent que les États-Unis souhaitent profiter de la situation pour démanteler la Russie et mieux dominer le monde. Face à cette situation, les États du « Sud global », courtisés par Vladimir Poutine, ont tendance à considérer la Russie comme l'État héritier de l'Union soviétique dont ils se souviennent qu'elle a soutenu les mouvements de libération post-coloniaux. Ces États ne voient pas la Russie comme une puissance impérialiste et pensent qu'elle a autant le droit de mener cette guerre en Ukraine que les États-Unis ont mené les leurs en Irak et au Vietnam. Chine en tête, ils acceptent l'argument fallacieux de la « menace de l'OTAN » et considèrent ce conflit comme une guerre « européenne », qui les concerne à peine.

La moindre crise prolonge Vladimir Poutine autant qu'elle le menace

Vivre et travailler comme journaliste en Russie, c'est s'exposer à des positions exactement inverses de celles prônées en Occident. Comme l'a montré en juin 2023 la rébellion ratée de l'homme d'affaires qui dirigeait la milice privée Wagner, en Russie tout est à double tranchant : la moindre crise prolonge Vladimir Poutine autant qu'elle le menace. Le président russe parviendra-t-il à détruire l'Ukraine qu'il considère comme une extension de la Russie ? De cette guerre longue la Russie sortira-t-elle affaiblie ou renforcée ? Pas un expert ne sait jusqu'où le président russe est capable d'aller. En envahissant son voisin, Vladimir Poutine, qui y songeait depuis longtemps tout en essayant d'éviter l'escalade, a provoqué « quelque chose » qui, pensait-il, l'aiderait à renouer avec sa population, notamment les jeunes, et ferait disparaître le poids de la lassitude inhérente à celui qui est resté trop longtemps au sommet. L'invasion du 24 février 2022 a redonné de l'élan au président russe et, croit-il, la possibilité de laisser une trace. C'est la raison pour laquelle Vladimir Poutine ne capitulera pas et ne rendra ni la Crimée ni le Donbass. Tel le dessin d'un enfant maladroitement gribouillé sur un calque, son monde fantasmé coïncide à certains endroits avec le réel et s'en échappe à d'autres, là où il déborde de toutes parts.

« Dès 1992, à Kiev, je rencontrai des gens paniqués à l'idée que la Russie allait les punir par une guerre – peut-être atomique. Évidemment, je n'y croyais pas, comment imaginer que la Russie de Eltsine, qui s'initiait à la liberté de jour en jour, puisse attaquer le pays frère émancipé ? L'invasion du 24 février 2022, accompagnée de menaces nucléaires, m'a obligé à une douloureuse révision. Je connaissais le vieux complexe d'encerclement de la Russie, qui fait partie des permanentes psychologiques, je l'avais étudié dans l'œuvre de Mikhaïl Katkov, un libéral passé dans le camp conservateur, éditeur de Dostoïevski. Avant lui, Pouchkine, dans son poème "Aux calomniateurs de la Russie", après le premier soulèvement polonais de 1831, soutenait que l'Europe n'avait pas à se mêler des affaires des peuples slaves. Complexe bien ancré d'un pays qui, en s'étendant sans cesse, se dit encerclé. Alexandre Soljénitsyne y voyait un danger capital pour le bon aménagement de la Russie et incriminait Catherine II. En 1985, il évoquait prémonitoirement l'idée d'un affrontement russo-ukrainien et dénonçait "les têtes démentes" qui pourraient nous y entraîner[1]. » Ainsi s'exprime Georges Nivat, mon père, spécialiste de la littérature russe et du monde slave, que jamais je n'ai vu aussi concerné et meurtri.

En Europe de l'Ouest, le « syndrome du déserteur »

Sans effondrement massif d'un côté ou de l'autre, la guerre attritionnelle peut durer encore un certain temps. D'autant qu'en Occident, on la mène à bas bruit, sans s'impliquer trop sur le terrain tout en prenant position, une ambiguïté « sans grandeur » dont se fait l'écho l'écrivain algérien Kamel Daoud à la vue de l'installation d'un char russe, trophée de guerre ukrainien, dans les rues d'Amsterdam : « Il se dresse comme un contrepoids au bien-être, au cœur d'une Europe que secouent aujourd'hui deux ou trois questions, murmurées

1. Cf. Georges Nivat, « l'Ukraine est là où est le monde ukrainien », *Le Monde*, 18 juin 2022.

souvent en "off". Comment gagner la guerre contre les Russes sans faire la guerre concrètement ? Ou bien : comment remporter la guerre sans tirer un seul coup de feu et donc sans parier son corps et son confort ? C'est là la traduction un peu sévère d'un syndrome que l'auteur de ces lignes a cru repérer dans les débats et les médias occidentaux, c'est-à-dire ceux de l'Europe de l'Ouest : le syndrome du déserteur. Ce refuznik sans grandeur, dont le silence abrite un immense brouhaha de raisons, de prétextes et d'excuses. À l'Européen se pose en effet aujourd'hui l'interrogation, vieille comme le monde, de l'héroïsme, du confort, de la liberté, de son coût et du droit de ne pas être un héros, mais un consommateur avec un chariot de supermarché [1]. »

Durant le conflit qui marqua mes débuts en journalisme, ni les réseaux sociaux, ni les « experts » n'existaient. Sur le terrain en Tchétchénie, que savions-nous de l'évolution du conflit que nous couvrions ? Rien, on avançait à l'aveugle. Nous ne constations le résultat des bombardements d'artillerie qu'une fois sur place. En l'absence de chaînes d'information en continu, on n'entendait aucun commentaire immédiat à propos de la cible atteinte, qu'elle soit militaire ou civile, aucune partie ne communiquait sur son nombre de morts ou de blessés, on n'était sûrs de rien sauf de ce que l'on

1. Cf. Kamel Daoud, « Ukraine : le complexe du déserteur chez les Européens », *Le Point*, 19 juin 2023.

avait vu soi-même. Et encore, il fallait parfois aussi avoir l'honnêteté de reconnaître que, même sur place, même spécialiste de la zone, on restait dans le brouillard.

L'émotion permanente et les supputations incessantes conduisent à la disparition des faits journalistiques

Si chaque mort civil tchétchène avait été documenté comme c'est le cas aujourd'hui dans cette guerre, cela aurait-il changé le cours des événements ? Je ne le crois pas, mais je sais que l'émotion permanente, les supputations incessantes, les commentaires, puis commentaires des commentaires conduisent invariablement à la disparition des faits journalistiques. L'invasion de l'Ukraine par la Russie a changé la donne pour toujours : c'est la première guerre où quasi chaque frappe, chaque mort, chaque blessé et chaque cible sont connus en temps réel. Cependant, être « bombardé » de détails sur les tirs, les positions des uns et des autres et la vie au front ne permet en rien de mieux comprendre ce qui se passe : la communication de chaque belligérant domine et annihile toute possibilité d'indépendance. Arrogantes et prônant la transparence, les puissances occidentales prétendent mener des guerres « propres », mais elles sont prises à leur propre piège, comme l'Armée de défense israélienne face au groupe terroriste du Hamas à l'automne 2023 : sous intense pression internationale, Tsahal a été sommée d'expliciter toutes ses décisions de bombardement, y compris sur des structures civiles et des hôpitaux de la bande de Gaza [1]. Mais ne soyons pas aveugles : aucune armée ne divulguera jamais les détails de ce qu'elle met en œuvre face à l'ennemi ni n'acceptera d'avouer que certaines de ses actions ne sont pas en harmonie avec le « droit de la guerre ».

Regarder sans juger

Dernier petit-déjeuner au café de mon quartier de Moscou où un jeune couple et leur petite fille de neuf mois me rappellent la joie de donner la vie, d'aider son enfant à se développer et à découvrir le monde. Pourquoi, parfois, cette joie s'amoindrit-elle avec le temps ? Regarder sans juger. S'intéresser profondément à l'autre même si c'est un ennemi. Tenter de saisir ce qu'il ressent, son plaisir, ses peines.

1. Le 7 octobre 2023, des commandos du Hamas, un groupe terroriste établi dans la bande de Gaza, pénètrent en Israël et tuent 1 200 personnes, pour la plupart des civils. Ils prennent également en otages 240 individus qu'ils emmènent à Gaza. Quelques jours plus tard, l'armée israélienne lance une opération militaire terrestre sans précédent dans le but d'« éradiquer » le Hamas. Résultat, en février 2024, plus de 25 000 morts civils à Gaza et la moitié des habitations civiles du nord de la bande sont détruites.

Postface

Journaliste de terrain, je vis des milliers de vies qui ne sont pas les miennes mais me sont familières parce que j'ai été voir, chercher, côtoyer.

Guerre ou pas, en relatant scrupuleusement, avec respect, la vie des autres, j'enrichis la mienne.

Remerciements

Merci à l'équipe de l'hebdomadaire *Le Point*, fidèle depuis tant d'années, qui me permet des reportages de longue haleine en toute liberté : Étienne Gernelle, Valérie Toranian, Luc de Barochez, Julien Peyron, mais aussi Marie-Do Renard, Christine Deslisle et Christine Deville ;

Merci à mes interlocuteurs de TF1-LCI : Rodolphe Belmer, Thierry Thuillier, Fabien Namias, Charlotte Delaleu ;

Merci aux journalistes de LCI avec qui j'ai le plaisir de collaborer régulièrement : Éric Brunet, Darius Rochebin, Émilie Broussouloux, Alexia Mayer, Charlotte Mesurolle, Laura Berlioz, Margot Haddad, ainsi que tous les autres « visages » de la chaîne ;

Merci, chez Flammarion, à Anavril Wollman, dont la rapidité à comprendre, corriger, améliorer dépasse l'entendement !

Merci à Sophie de Closets : ton « œil », nos dialogues, nos questionnements, nos rires sont irremplaçables ;

Merci à Jean-Jacques Bourdin, mon mari et tout premier lecteur.

Bibliographie sélective

Lukas AUBIN, *Géopolitique de la Russie*, La Découverte, 2022.

Bertrand BADIE, *Nous ne sommes plus seuls au monde*, La Découverte, 2016.

Bertrand BADIE, *Le Temps des humiliés*, Odile Jacob, 2019.

Bertrand BADIE, *L'Hégémonie contestée. Les nouvelles formes de domination internationale*, Odile Jacob, 2019.

Pascal BONIFACE, *Guerre en Ukraine. L'onde de choc géopolitique*, Eyrolles, 2023.

Gérard CHALIAND, *Pourquoi perd-on la guerre ? Un art occidental*, Odile Jacob, 2016.

Mikhaïl CHICHKINE, *La Paix ou la Guerre. Réflexions sur le « monde russe »*, Noir sur Blanc, 2023.

Anna COLIN LEBEDEV, *Jamais frères ? Ukraine et Russie : une tragédie post-soviétique*, Le Seuil, 2022.

François CUSSET, *La Haine de l'émancipation : Debout la jeunesse du monde*, Tracts, Gallimard, 2023.

Giuliano DA EMPOLI, *Le Mage du Kremlin*, Gallimard, 2022.

Annie DAUBENTON, *Ukraine : les métamorphoses de l'indépendance*, Buchet & Chastel, 2009.

Sous la direction de Michel DUCLOS, *Guerre en Ukraine et nouvel ordre du monde, 22 regards internationaux après l'agression russe*, Institut Montaigne/L'Observatoire, 2023.

Alexander ETKIND, *Russia Against Modernity*, Polity, 2023.

Marc FERRO, *L'Aveuglement : Une autre histoire de notre monde*, Tallandier, 2015.

Marc FERRO, *Le Ressentiment dans l'histoire. Comprendre notre temps*, Odile Jacob poche, 2008.

Mark GALEOTTI, *Brève histoire de la Russie. Comment le plus grand pays du monde s'est inventé*, Flammarion, 2021.

Masha GESSEN, *Poutine, l'homme sans visage*, Pluriel, 2023

Pierre HASSNER, *La Revanche des passions. Métamorphoses de la violence et crises du politique*, Fayard, 2015.

Andréas KAPPELER, *Russes et Ukrainiens, les frères inégaux, du Moyen Âge à nos jours*, CNRS éditions, 2022.

Sylvie KAUFFMANN, *Les Aveuglés. Comment Berlin et Paris ont laissé la voie libre à la Russie*, Stock, 2023.

Owen MATTHEWS, *Overreach*, Mudlark, 2022.

Dominique MOÏSI, *La Géopolitique de l'émotion*, Flammarion, 2008 ; Champs, 2015.

Anne NIVAT, *Un continent derrière Poutine ?*, Le Seuil, 2018 ; Points, 2022.

Georges NIVAT, *Les Sites de la mémoire russe*, Fayard, 2007.

Georges NIVAT, *Vivre en russe*, L'Âge d'Homme, 2007.

Georges NIVAT (sous la direction de), *Alexandre Soljénitsyne, L'Archipel du Goulag, cinquante ans après*, Fayard, 2023.

Myriam REVAULT D'ALLONES, *La Faiblesse du vrai. Ce que la post-vérité fait à notre monde commun*, Points, 2021.

François REYNAERT, *La Grande Histoire de la Russie, de son empire et de ses ennemis*, Flammarion, 2023.

Hubert VÉDRINE, *Une vision du monde*, Bouquins, 2022.

Table

Cet ouvrage a été mis en pages par

<pixellence>

Achevé d'imprimer en mars 2024
dans les ateliers de Normandie Roto Impression s.a.s.
61250 Lonrai
N° d'impression : 2401402
N° d'édition : 639491-1
Dépôt légal : mars 2024

Imprimé en France